EDITORA
intersaberes

Itacir Amauri Flores

A luta pela regulamentação da profissão de detetive particular no Brasil

EDITORA
intersaberes

Rua Clara Vendramin, 58 . Mossunguê
Cep 81200-170 . Curitiba . PR . Brasil
Fone: (41) 2106-4170
www.intersaberes.com
editora@editoraintersaberes.com.br

Editora-chefe
Lindsay Azambuja

Supervisora editorial
Ariadne Nunes Wenger

Analista editorial
Ariel Martins

Preparação de originais
Natasha Saboredo

Edição de texto
Arte e Texto Edição e Revisão de Textos

Capa
Iná Trigo (*design*)
Andrey_Popov, Photographee.eu/
Shutterstock (imagens)

Projeto gráfico
Charles L. da Silva (*design*)
Reddavebatcave (imagens)

Diagramação
Carolina Perazzoli

Equipe de *design*
Charles L. da Silva
Iná Trigo
Mayra Yoshizawa

Iconografia
Regina Claudia Cruz Prestes

Dados Internacionais de Catalogação na Publicação (CIP)
(Câmara Brasileira do Livro, SP, Brasil)

Flores, Itacir Amauri
A luta pela regulamentação da profissão de detetive particular no Brasil/Itacir Amauri Flores. Curitiba: InterSaberes, 2018.

Bibliografia.
ISBN 978-85-5972-812-5

1. Detetive como profissão 2. Detetives particulares 3. Regulamentação – Brasil I. Título.

18-18978 CDD-363.28981

Índices para catálogo sistemático:
1. Brasil: Detetives particulares: Regulamentação: Exercício profissional 363.28981

Maria Alice Ferreira – Bibliotecária – CRB-8/7964

1ª edição, 2018.

Foi feito o depósito legal.

Sumário

Esta obra é dedicada ao meu amigo e colega de profissão Luiz Carlos Henrique de Vargas (*in memoriam*) – o detetive Rike Vargas –, reconhecido como "baluarte da luta pela regulamentação da profissão de Detetive Particular no Brasil". Sua trajetória de luta ficou marcada pela dignidade e pela honra inerentes ao seu caráter. Até breve, amigo!

Juro perante meu Deus, minha Pátria e minha profissão que não divulgarei, sob qualquer pretexto, tudo o que vier a saber em função de minhas atividades profissionais; a mim serão confidenciados vários problemas, tomarei conhecimento de muitos segredos e, mesmo sob ameaças de morte ou tortura, não os divulgarei.

Juramento do detetive particular

Apresentação

A luta pela regulamentação da profissão de detetive particular é uma questão que precisa ser divulgada, visto que, embora já tenhamos alcançado o reconhecimento pela lei, precisamos ainda lutar contra os preconceitos que envolvem a profissão e, consequentemente, coroar nossa trajetória com o apoio da sociedade.

Tendo em vista esse objetivo, no Capítulo 1, apresentamos a história da profissão. Primeiramente, em razão do sucesso dos detetives particulares na ficção, demonstramos como a imagem desse profissional foi construída na literatura, na televisão e no cinema, por meio de personagens como Sherlock Holmes, Hercule Poirot e Miss Marple. Na sequência, abordamos o surgimento da profissão propriamente dita, que ocorreu ainda no século XIX, na França. Por fim, elucidamos como a categoria chegou ao Brasil, destacando alguns detetives nacionais importantes na edificação da classe.

No Capítulo 2, a fim de aprofundar a questão da realidade do detetive particular no Brasil, apresentamos algumas estatísticas levantadas pela Federação Nacional de Juntas Comerciais do Brasil (Fenaju) referentes à atuação dessa categoria por estado brasileiro. Na sequência, indicamos alguns dados estatísticos que coletamos mediante uma pesquisa *survey*, os quais buscam revelar o perfil do profissional da área.

No Capítulo 3, explicamos como a luta pelo reconhecimento da profissão começou, ainda em 2010. Essa abordagem contempla desde a elaboração do pré-projeto referente à categoria até seu encaminhamento e votação no Senado Federal, por meio do Projeto de Lei Complementar (PLC) n. 106/2014 (Brasil, 2014).

No Capítulo 4, explicamos como foi o Primeiro Congresso Nacional dos Detetives do Brasil, no qual se discutiu os rumos da profissão diante da votação do PLC n. 106/2014. Na sequência, apresentamos a

Lei n. 13.432, de 11 de abril de 2017 (Brasil, 2017a), aprovada pelo Congresso Nacional pouco tempo depois da realização do evento mencionado, mas com o veto de alguns artigos primordiais.

No Capítulo 5, por fim, damos continuidade a essa abordagem ao elucidar como foi a segunda edição do Congresso Nacional dos Detetives do Brasil, cuja pauta foi a estruturação e a organização da categoria por meio da criação de documentos – como o Estatuto e o Código de Ética da categoria – e de entidades oficiais – como a Ordem dos Detetives do Brasil (ODB) e a Federação dos Detetives do Brasil (Fenad).

A estruturação desta obra em cinco pilares – (1) história da profissão; (2) realidade do detetive particular no Brasil; (3) contextualização da luta pelo reconhecimento da profissão; (4) aprovação da Lei n. 13.432/2017; e (5) estruturação da categoria por meio da criação de entidades e documentos oficiais – tem o propósito de trazer a público toda essa trajetória.

Boa leitura!

A história da profissão de detetive particular

1

Não há consenso sobre as raízes da profissão de detetive particular. Em razão disso, a literatura dessa profissão apresenta divergências de datas, pessoas e empresas que influenciaram sua construção. Este capítulo, portanto, é um primeiro passo para a edificação dessa narrativa.

Conforme elucida Ricardo de Oliveira (2013b), a palavra *detetive* é proveniente da palavra inglesa *detective*, que significa "investigar", "descobrir", "pilhar", "desmascarar". De acordo com o autor, a atividade de detetive, portanto, é caracterizada pela investigação de um fato, tendo em vista suas circunstâncias e as pessoas envolvidas.

Embora a autoria da palavra *detetive* seja, muitas vezes, atribuída ao escritor inglês Charles Dickens, que a usou em seu romance *A casa soturna*, publicado em 1853, quem utilizou o termo pela primeira vez foi o escocês Allan Pinkerton (1819-1884), ao batizar sua agência, fundada nos Estados Unidos da América, com o nome de *Pinkerton's National Detective Agency* (PNDA) (Oliveira 2013b).

A PNDA acabou ficando mundialmente famosa, motivo que provavelmente justifica por que Pinkerton é considerado o pioneiro na profissão de detetive particular. No entanto, é importante frisar que o primeiro detetive de que se tem notícia é Eugène François Vidocq (1775-1857), que atuou na França e fundou a primeira agência particular de investigações.

No Brasil, o primeiro detetive a atuar na função foi Joaquim Ganância, que montou seu escritório de investigações particulares no Rio de Janeiro, em 1892 (Central Única Federal dos Detetives, 2018).

Nas seções a seguir, apresentaremos os principais detetives da história da profissão. Tendo em vista a popularidade que a categoria alcançou na ficção, iniciaremos o tema com uma seção sobre os detetives mais famosos do cinema, da televisão e da literatura.

1.1 Detetives da ficção

É inegável o fascínio que a solução de crimes ou mistérios exerce sobre os espectadores no cinema, no teatro, na televisão e até nas histórias em quadrinhos.

As histórias que envolvem detetives se tornaram tão populares que há um gênero literário – que acabou se estendendo para outras mídias e manifestações artísticas – específico para defini-las: o policial.

Como a maioria das pessoas têm o primeiro contato com a profissão por meio da ficção, nas seções a seguir apresentaremos os detetives mais famosos da televisão e da literatura.

1.1.1 Elementar, meu caro Watson

O detetive mais famoso na história da humanidade foi, sem dúvida, Sherlock Holmes, criado pelo escritor escocês Sir Arthur Conan Doyle (1859-1930). As histórias do detetive, iniciadas com a publicação do livro *Um estudo em vermelho*[1], em 1887, ficaram tão famosas que deram origem a diversos filmes, séries e histórias em quadrinho.

Figura 1.1 – Sherlock Holmes

Nebojsa S/Shutterstock

Para que possamos entender melhor esse personagem, no entanto, apresentaremos a seguir brevemente seu criador e a inspiração para sua criação.

Além de médico e escritor, Conan Doyle também foi detetive particular, atleta (praticava pugilismo e esqui), corredor de automóvel, campeão de bilhar e inventor (Bureau Investigações, 2016). Foi exercendo a função de médico, no entanto, que teve a idcia de criar Sherlock Holmes, algo que lhe ocorreu durante o tempo de espera entre um paciente e outro.

1 O livro foi lançado pela revista *Beeton's Christmas Annual.*

Figura 1.2 – Sir Arthur Conan Doyle

Everett Historial/Shutterstock

Figura 1.3 – Dr. Joseph Bell, a inspiração para Sherlock Holmes

Science Photo Library SPL/Shutterstock

Sherlock Holmes foi inspirado no Dr. Joseph Bell, um famoso cirurgião que foi professor de Conan Doyle na Universidade de Edimburgo.

Sherlock Holmes foi inspirado no Dr. Joseph Bell, um famoso cirurgião que foi professor de Conan Doyle na Universidade de Edimburgo. Isso porque o antigo mentor tinha o hábito de formular hipóteses – na maioria das vezes, corretas – sobre o caráter e o comportamento de seus pacientes (Obvious, 2018). Em razão disso, Bell costumava ser chamado pela polícia inglesa para investigar casos complexos, uma vez que era, nas horas vagas, detetive particular.

O nome *Sherlock* foi escolhido pelo autor por significar "sagaz" e "astuto", adjetivos muito apropriados ao personagem, que embasava a solução de seus casos na metodologia científica e na lógica dedutiva[2].

Além do próprio detetive, Conan Doyle ainda criou outro personagem: o doutor John H. Watson, amigo de Holmes que o ajudava na resolução dos casos designados pela Scotland Yard – além de ser, costumeiramente, o narrador dos livros do detetive (Obvious, 2018).

Conforme mencionado, as obras de Conan Doyle foram adaptadas diversas vezes para a televisão, o cinema e o teatro. O primeiro ator a interpretar Sherlock Holmes foi, provavelmente, o ator americano William Gillette, contemporâneo de Conan Doyle. Na época, o autor havia adaptado algumas histórias do detetive para o teatro e convidou alguns atores para interpretá-lo. Quando Gillette pediu autorização para dar vida ao personagem nos palcos, Conan Doyle imediatamente autorizou. Após viver diversas vezes o detetive no teatro, Gillette também o interpretou em um filme mudo, em 1916 (William Gillette..., 2017).

2 Consiste no pensamento lógico que, com base nas causas, busca compreender os efeitos, de forma a se concluir adequadamente certas proposições que desafiam a compreensão.

O Sherlock Holmes de Gillette influenciou todas as produções posteriores. A frase "elementar, meu caro Watson", por exemplo, foi criada pelo ator, em 1899, e não por Conan Doyle. Da mesma forma, o cachimbo arqueado que Holmes usa, que se tornou uma característica tanto do personagem quanto dos detetives em geral, também foi introduzido por Gillette (William Gillette..., 2017).

Anos mais tarde, em 1939, Holmes foi imortalizado pela interpretação do ator britânico Basil Rathbone, no filme *O cão dos Baskervilles*. O sucesso dessa obra cinematográfica foi tão grande que, no mesmo ano, Rathbone reviveu o personagem no filme *As aventuras de Sherlock Holmes*. Após esses dois filmes, o ator ainda interpretou o personagem mais de 10 vezes até 1946.

Figura 1.4 – Dr. Watson

vitasunny/Shutterstock

Nos anos 1980, foi a vez do britânico Jeremy Brett dar vida ao personagem na televisão e no teatro. A série de TV *As aventuras de Sherlock Holmes* foi ao ar por 10 anos, com intervalos de alguns anos entre uma temporada e outra. Assim como Rathbone, Brett se tornou um ícone em razão de sua interpretação como Sherlock.

Figura 1.5 – Rathbone, Brett e Gillette

Album/Fotoarena
Alamy/Fotoarena

Entre 2009 e 2011, foram produzidos dois filmes sobre o detetive, com o ator Robert Downey Jr. no papel de Sherlock Holmes e o ator Jude Law no papel de Dr. Watson.

Atualmente, quem ganhou destaque no papel de Holmes foi o ator Benedict Cumberbach, que protagoniza a série da BBC *Sherlock* – a qual ainda está em andamento. Nessa versão para a televisão, as histórias do detetive foram adaptadas para a atualidade, sendo Holmes um sociopata funcional que ajuda a Polícia Metropolitana de Londres na resolução de crimes muito complexos (Bonalume Neto, 2015). Já o Dr. Watson (Martin Freeman), assim como nos livros, é um médico que serviu no Afeganistão. Após seu retorno para Londres, Watson se torna colega de quarto de Holmes, de quem passa, aos poucos, a ser amigo.

1.1.2 Hercule Poirot e Miss Marple

Hercule Poirot e Miss Marple são dois detetives criados pela escritora inglesa Agatha Christie[3] (1890-1976), considerada a **Rainha do Crime**. O primeiro livro publicado pela romancista policial foi *O misterioso caso de Styles*, protagonizado pelo detetive Hercule Poirot. Dez anos mais tarde, foi publicado o livro *O assassinato na casa do pastor*, primeira obra protagonizada pela detetive Miss Marple (UOL, 2018).

Figura 1.6 – Hercule Poirot

bonzodog/Shutterstock

Seu primeiro detetive, Hercule Poirot, foi inspirado em alguns refugiados belgas da Primeira Guerra Mundial que a autora conheceu. De acordo com Bernardo (2017), Poirot protagonizou 3 romances e 54 contos da autora. Sua última aparição é em *Cai o pano*, de 1975, obra na qual o detetive morre. Essa medida foi adotada pela autora como forma de garantir que ninguém mais escreveria sobre ele depois que ela morresse (Bernardo, 2017). O impacto da morte do personagem foi tamanho que ele recebeu um obituário na primeira página do *The New York Times*.

3 Em 1971, a escritora se tornou Dame Agatha Christie ao receber a mais alta condecoração do Reino Unido (Uol, 2018).

O elegante e sofisticado protagonista era vaidoso e egocêntrico, tanto que costumava afirmar que, se não quisesse, não precisava analisar a cena do crime ou buscar pistas - como outros detetives faziam -, sendo suficientes para solucionar os casos seus conhecimentos de psicologia e sua inteligência (L&PM Editores, 2009). Essa prepotência, no entanto, não era sem razão, visto que Poirot era considerado a maior mente de toda a Europa.

Figura 1.7 - Margaret Rutherford interpretando Miss Marple

Alamy/Fotoarena

Miss Marple, por sua vez, embora já fosse idosa, era uma detetive com as mesmas capacidades de Poirot, com o diferencial de ser bondosa, modesta e caridosa. Essas características, entretanto, não significam que ela era inocente: Miss Marple era extremamente desconfiada, e, por isso, sempre esperava o pior das pessoas (Safara, 2014).

Todos os casos que a detetive assumia a faziam recordar de algo semelhante ocorrido em Saint Mary Mead, lugar em que morava, e a resolução dos crimes ocorria de forma genial e organizada.

O último romance em que Miss Marple aparece é *Crime adormecido*, escrito na década de 1940 e publicado em 1976, após a morte de Christie (Safara, 2014).

1.2 Detetives particulares no âmbito internacional

Assim como na ficção, na vida real, os detetives particulares participaram da construção da profissão em meados do século XIX. Isso, é claro, se considerarmos Allan Pinkerton o primeiro detetive particular do mundo. Conforme visto anteriormente, no entanto, Eugène François Vidocq foi o primeiro a exercer a função, já no início do século XIX.

Nas seções a seguir, apresentaremos mais informações sobre esses dois grandes detetives.

1.2.1 Eugène-François Vidocq

Eugène-François Vidocq foi a primeira pessoa a exercer a profissão de detetive particular. Em razão de sua atuação como mestre dos disfarces, alguns personagens da literatura foram inspirados em sua vida, como Vautrin, de *A comédia humana*, escrita por Balzac; e Jean Valjean e Javert, de *Os miseráveis*, obra de Victor Hugo. O detetive também inspirou um famoso conto de Edgar Allan Poe, "Os assassinatos da Rua Morgue", e foi tema de produções para a televisão, como *Vidocq*, de 2000, em que o detetive é interpretado pelo ator Gérard Depardieu (Fernandez, 2004).

É válido salientar, todavia, que a atuação de Vidocq data de sua juventude, embora ele não tenha começado como detetive, e sim como ladrão. A primeira vítima do jovem foi seu pai, um padeiro que teve o prejuízo de dois mil francos com a ação do filho. Como forma de corrigir Eugène, o pai o alistou no exército francês, mas isso apenas deu mais liberdade para o jovem atuar desde falsário a espião.

Curiosamente, foi essa trajetória que levou Vidocq, anos mais tarde, a fundar a primeira agência particular de informações, em 1836 (Oliveira, 2013b). Isso porque o senso de justiça do detetive foi construído em suas diversas passagens pela prisão, da qual quase sempre fugia com êxito. Em uma delas, conheceu Boitel, "um homem simples que fora condenado por roubar um pouco de trigo para alimentar os filhos" (Oliveira, 2013b). Após a tentativa de libertar Boitel, que resultou na sua própria captura, Vidocq foi condenado a seis anos de trabalhos forçados, após os quais resolveu colaborar com a polícia na resolução de crimes, sendo o primeiro um assassinato em Lyon (Fernandez, 2004).

Eugène-François Vidocq foi a primeira pessoa a exercer a profissão de detetive particular.

Em 1811, Vidocq foi promovido a chefe de brigada de segurança, em Paris. Sob sua supervisão, foram colocados ex-condenados que consentiram em colaborar com a polícia. Graças à atuação de Vidocq e seu grupo, 700 fugitivos foram presos em um ano (Oliveira, 2013b).

Uma das características de Vidocq como fugitivo que acabou se estendendo à sua atuação como detetive foi o uso de disfarces, que, muitas vezes, resultava em uma mudança drástica de aparência. Além disso, conforme elucida Fernandez (2004), o detetive costumava neutralizar "os fugitivos com [...] técnicas de boxe, que dominava graças à robusta compleição física".

Figura 1.8 – Eugène-François Vidocq

Album/Fotoarena

Além de mestre dos disfarces e lutador, Vidocq criou um serviço de informantes que se estendia por toda a Europa; uma fábrica de papel à prova de falsificações, que contava com uma tinta especial; e uma fechadura inviolável (Oliveira, 2013b; Fernandez, 2004). Essas inovações, mais tarde, serviram de inspiração tanto para profissionais da área quanto para agências de inteligência.

A vida agitada de Vidocq o elevou à categoria de celebridade, mas sua imagem ficou comprometida após um escândalo em 1827, o qual o obrigou a se desligar da polícia. Isso porque foi descoberto que ele enriqueceu de maneira ilícita. Ainda assim, a vida do detetive ficou imortalizada por meio do registro de suas memórias e pela publicação de dois livros, cujo tema é o mundo do crime (Oliveira, 2013b).

1.2.2 Allan Pinkerton

Figura 1.9 – Allan Pinkerton

Granger/Fotoarena

Allan Pinkerton foi um detetive escocês que atuou, principalmente, nos Estados Unidos. Era filho de um policial, William Pinkerton, que morreu quando ele tinha oito anos. Em razão disso, Pinkerton precisou abandonar a escola para trabalhar de aprendiz de tecelão, ofício que abandonou para se tornar tanoeiro[4]. Nessa nova ocupação, ao ir procurar madeira, o jovem acabou encontrando os restos de uma fogueira e, consequentemente, as pessoas que a haviam feito. Não se tratava, entretanto, de pessoas comuns, mas de uma quadrilha bastante procurada.

4 Tanoeiro, também chamado *toneleiro*, é quem fabrica tonéis, pipas e barris.

Foi esse evento que acabou despertando o jovem para a profissão de detetive (Rocha, 1998).

Após esses acontecimentos, Pinkerton abandonou a Escócia e foi para Chicago, nos Estados Unidos. No novo país, atuou no combate ao desvio de verbas na polícia e nos correios (Rocha, 1998). Na década de 1850, fundou a North-Western Police Agency, em conjunto com o advogado Edward Rucker, que mais tarde deu origem à famosa Pinkerton National Detectives Agency (PNDA). A logo da companhia é uma referência ao *slogan* "o olho que nunca dorme", conforme salienta João Manuel Rocha (1998).

Figura 1.10 – Tradicional logo da Pinkerton National Detectives Agency

A fama da Agência provém de sua atuação no atentado em Baltimore, no qual o futuro presidente Abraham Lincoln foi salvo pelos funcionários de Pinkerton, que investigavam um bando de moedeiros falsos e descobriram a conspiração. Após esse evento, como forma de agradecimento, Lincoln atribuiu o cargo de diretor da Union Intelligence Service[5] a Allan Pinkerton (Rocha, 1998).

Além desse mérito, Pinkerton também participou da criação do Serviço Secreto dos Estados Unidos e, possivelmente, junto com seus filhos William e Robert, capturou o famoso Jesse James (Sodré; Cohen, 2015). Com relação a esse último mérito, entretanto, há discordâncias. Rostand Medeiros (2013), por exemplo, discorda dessa atuação. Confira a seguir um texto do autor sobre o bandoleiro e a atuação dos Pinkerton em sua captura.

Allan Pinkerton participou da criação do Serviço Secreto dos Estados Unidos.

5 Em tradução livre: Serviço de Inteligência Sindical.

Jesse James – O grande bandoleiro americano

Bridgeman/Fotoarena

[...]

Jesse Woodson James nasceu em 5 de setembro de 1847. Era filho de um pastor que morreu quando ele tinha apenas dois anos, e de uma mãe de personalidade forte, Zerelda, que se tornou a matriarca da família. Ele foi criado em um ambiente extremamente escravocrata, onde negro era comparado a um bicho de carga e consta que sua família tinha orgulho do sistema escravista. Morava em uma propriedade perto da cidade de Kearney, no estado do Missouri. Tinha um irmão mais velho chamado Frank, que com ele pegaria em armas, e uma irmã mais nova, Susan, e quatro meio irmãos, frutos de um novo casamento de sua mãe com o Dr. Ruben Samuels.

Na época que Jesse James nasceu o seu mundo era extremamente maculado pela violência. [...]

[...] O Missouri era um estado com muitas facções armadas, mantidas por ricos fazendeiros, os "coronéis" deles, que lutavam por terra, dinheiro e poder. Ninguém foi poupado. [...] também ocorriam contínuas batalhas internas e conflitos de fronteira por parte de pessoas que eram contra a escravidão – chamados de "Jayhawkers" (os nossos abolicionistas), que lutavam contra aqueles que eram pró-escravidão, chamados "Bushwhackers". Sobre todos os aspectos, era um prelúdio sinistro e localizado do que seria a futura Guerra Civil Americana, ou Guerra da Secessão.

Quando o grande conflito entre os estados do norte e do sul dos Estados Unidos oficialmente estourou, em 12 de abril de 1861, muitos habitantes do Missouri deixaram suas terras para lutar pelo exército do Sul, os chamados Confederados. Estes estavam com medo que suas famílias e propriedades fossem atacadas pelas forças da União, os do Norte. Para evitar isso, milícias armadas foram criadas para proteger os que ficaram. Frank James juntou-se a um destes grupos de proteção em 1861.

Um dos líderes desses grupos era um jovem de 24 anos chamado William Quantrill. [...]

Valente, astuto, um verdadeiro guerrilheiro, mas igualmente um sanguinário, William Quantrill e seus homens realizaram diversos ataques em várias localidades. Muitos de seus combates eram para a defesa dos habitantes do Missouri, mas muitas outras de suas ações não passaram de carnificina em massa, roubo desenfreado, estupros em quantidade e destruição massiva de patrimônio. [...]

Em represália às ações de guerrilha de Quantrill, as milícias pró-União invadiram as propriedades das famílias dos membros do bando, incluindo a fazenda da família James.

[...] Um dos meio irmãos do futuro bandoleiro quase foi enforcado para abrir alguma informação sobre Frank. O próprio Jesse foi chicoteado impiedosamente e sua mãe Zerelda apanhou bastante, mesmo estando grávida. Consequentemente Jesse, então com 16 anos, passou a andar com Quantrill e mais tarde com o seu sucessor, Willian "Bloody (sangrento) Bill" Anderson. Este último era conhecido por cortar as cabeças de seus inimigos com uma típica espada de pirata e levava os escalpos de muitas de suas vítimas em seu alforje.

Em Combate

Em agosto de 1864 Jesse estava com os guerrilheiros, quando ele foi baleado no peito, mas salvou-se e logo voltou à luta. Ele levou esta bala em seu corpo para o resto de sua vida. Em um ataque à cidade de Centralia, no Missouri, o bando de Bloody Bill Anderson matou 25 soldados da União desarmados e roubaram seus uniformes. [...]

[...] Após a morte de Quantrill, os seus homens ou foram capturados, fuzilados, ou fugiram, incluindo neste último grupo Frank James.

Enquanto Frank tinha ido para Kentucky, Jesse seguiu para o Texas, onde ficou até 1865. Após um tempo nesta inatividade, Jesse e alguns outros guerrilheiros decidiram voltar para o Missouri e se entregar. No caminho alguns soldados da União abriram fogo sobre eles e, pela segunda vez, Jesse foi baleado no peito. O ferimento era grave e ele foi levado para a casa de um tio, onde recuperou a saúde com a ajuda da prima Zee Mimms, por quem se apaixonou. Eles iriam se casar nove anos mais tarde.

[...]

[...] Logo os irmãos James, juntamente com seus primos, os Youngers, são apontados como suspeitos dos assaltos. O bando passa a ser conhecido como quadrilha dos James/Youngers.

[...]

O Fim da Gangue James/Youngers

Os homens da famosa agência Pinkerton, de caçadores de bandidos, foram chamados várias vezes para capturar os membros da gangue James-Younger e não conseguiram. Em represália, numa noite de janeiro de 1875, várias bombas incendiárias foram lançadas na tradicional casa da fazenda da família James. Uma meia irmã de Jesse e Frank morreu e sua mãe Zerelda perdeu a mão.

O ataque pensado pelos agentes Pinkerton foi um fracasso, além de realizarem uma ação contra uma família indefesa, provocaram a morte de uma criança inocente, o que automaticamente trouxe simpatia e o apoio à quadrilha dos James/Youngers. Então veio o notório assalto ao banco em Northfield, Minnesota, em setembro de 1876.

Fonte: Medeiros, 2013.

1.2.3 Kate Warne: a primeira mulher detetive

Kate Warne (1833-1868) foi uma nova-iorquina que trabalhou na PNDA. De acordo com Barbara Maikell-Thomas (2018), em 1856, já viúva, Warne foi à agência para pedir o emprego de secretária a Allan Pinkerton, mas a vaga já havia sido preenchida. Ainda assim, o detetive resolveu entrevistá-la, e, no dia seguinte, após ter ficado impressionado com ela, contratou-a como investigadora – apesar da objeção de seu irmão e sócio. Warne tornou-se, assim, a primeira detetive particular dos Estados Unidos.

Conforme salienta Maikell-Thomas (2018), há documentos que insinuam que Pinkerton e Warne foram amantes, embora isso não seja, de fato, relevante. A questão é que a investigadora o acompanhou em todas as viagens durante a Guerra Civil, até mesmo quando o detetive trabalhou com Abraham Lincoln. Nessa época, a investigadora compôs a equipe que salvou o futuro presidente. Foi por meio da atuação de Warne como espiã, inclusive, que foi descoberta a trama do assassinato de Lincoln, e foi ela que o escoltou até Washington D.C. (Maikell-Thomas, 2018).

Em sua carreira como investigadora privada, Warne se revelou uma excelente profissional. Atuava como agente secreta, infiltrando-se com maestria em qualquer evento em que pudesse coletar informações, geralmente locais que nem os homens conseguiam investigar. Sua enorme eficiência garantiu sucesso a Pinkerton e sua agência (Maikell-Thomas, 2018).

Figura 1.11 – Kate Warne sob disfarce (em pé, atrás de Allan Pinkerton, apoiada em um mastro)

Universal History Archive/UIG via Getty Images

Infelizmente, a vida de Warne foi curta, pois ela faleceu aos 35 anos de idade. Pinkerton, conforme salienta Maikell-Thomas (2018), foi enterrado ao lado dela anos mais tarde.

1.3 Detetives particulares brasileiros

Agora que já foi esclarecido o surgimento da profissão de detetive particular no âmbito internacional, nesta seção, iremos focar o início da profissão no Brasil, que ocorreu no final do século XIX, com Joaquim Ganância. Além desse detetive, apresentaremos mais dois profissionais que se destacaram em nosso país: Eloísio de Souza e Maria Angeles Bekeredjian.

1.3.1 Joaquim Ganância, o pioneiro

De acordo com alguns historiadores, Joaquim Ganância foi o primeiro detetive particular profissional brasileiro, tendo iniciado sua atuação ainda em 1894, em São Sebastião - RJ (Tito, 2013). De acordo com Dantas (2012), o que motivou seu ingresso na profissão foi o sequestro de seu filho – na época, com sete anos – por dois homens. Como a polícia não conseguiu rastrear os criminosos, Ganância investigou o caso por conta própria, tendo sucesso no resgate e na captura dos bandidos.

> Joaquim Ganância foi o primeiro detetive particular profissional brasileiro, tendo iniciado sua atuação ainda em 1894.

Após o sucesso que obteve nesse caso, Ganância passou a ser procurado por pessoas influentes. A fim de atender esses indivíduos, vendeu seu pequeno comércio e montou a primeira agência de investigações do país (Dantas, 2012).

1.3.2 Evódio Eloísio de Souza

Evódio Eloísio de Souza foi um dos detetives mais importantes do país. Atendia na capital de São Paulo, local onde fundou sua agência, conhecida como *Instituto Internacional de Segurança e Investigações* (Intelsei). Além de sua atuação como detetive, produziu obras técnicas sobre investigação particular e fundou cursos sobre a área (Detetive Aguiar, 2015).

No exercício de seu ofício, utilizava a alcunha Jefferson Trenck, em vez de seu nome verdadeiro (Central Única Federal dos Detetives, 2018).

A Federação Brasileira de Investigações – FBI (2018) aponta que a Agência Intelsei foi fundada em outubro de 1988. Além de ser considerada uma das mais antigas da América Latina, a agência contava com correspondentes no Brasil e no mundo. Atualmente, é uma das mais conceituadas no ramo de investigações civis e criminais do mundo.

Homenagem ao filho de Evódio Eloísio de Souza

Em novembro de 2015, a Diretoria do Conselho dos Detetives Particulares do Estado de São Paulo, organização associativa, reuniu-se para homenagear Denison Augusto de Souza por sua atuação diante da Central Única Federal dos Detetives, instituição com tradição na formação profissionalizante de novos detetives fundada por seu pai, Evódio Eloísio de Souza (CNPRD, 2015).

1.3.3 Maria Angeles Bekeredjian: a Detetive Ângela

Maria Angeles Bekeredjian foi uma psicóloga e detetive espanhola que veio para o Brasil na década de 1950, mais especificamente para São Paulo. Começou o ofício de detetive já aos 21 anos, na década de 1960, quando desconfiou da infidelidade do marido e passou a investigá-lo, o que resultou no flagrante da traição (Abe, 2013; Teixeira, 2013).

De acordo com a própria detetive, ela atuou em mais de sete mil casos ao longo de sua carreira, sendo sua especialidade as investigações de infidelidade – que constituíam a maioria de seus casos.

A Detetive Ângela, como era conhecida, faleceu recentemente, em 2013, aos 71 anos. De acordo com um de seus herdeiros, a investigadora, que comandava um escritório com uma equipe de 16 colaboradores, já não costumava ir mais a campo, visto que se tornou muito conhecida. Apesar disso, conforme ressalta o filho, ela utilizou muitos disfarces ao longo de sua carreira para coletar informações (Teixeira, 2013).

Um dos maiores legados da detetive foi a divulgação e a desmistificação da profissão de detetive, que, como visto anteriormente, sofre com os estereótipos dos detetives da ficção.

Investigação de casos de infidelidade

Em razão da *expertise* da Detetive Ângela na investigação de casos de infidelidade, o UOL Comportamento pediu que ela elaborasse pistas para os cônjuges descobrirem se seus companheiros estão traindo.

No Quadro 1.1, estão as sete pistas de traição fornecidas pela detetive, divididas por gênero. No Quadro 1.2, por sua vez, estão listados os motivos que deixam o cônjuge infiel tenso, também divididos por gênero.

Quadro 1.1 – Sete pistas para identificar homens e mulheres que traem

Os homens costumam ficar mais avoados e distraídos, com o pensamento distante	1	Com a autoestima elevada, as mulheres ficam mais fogosas e dispostas a experimentar novidades na cama
Ele passa a ouvir músicas românticas, diferentes do estilo habitual, inclusive aquelas que sempre detestou	2	As mulheres que cozinham bem passam a cozinhar melhor. As que não sabem fritar nem um ovo, de repente, passam a promover jantares
Compra cuecas e meias novas – até então, a mulher se encarregava disso	3	Começam a dizer que fizeram novas amigas, e para poder se encontrar com o amante, dizem que vão sair com "elas"
De uma hora para outra, fica organizado: para de deixar as roupas espalhadas e de esquecer o celular	4	A mulher fica mais atenta a tudo, principalmente aos cuidados com a casa
Ficam indispostos para sair, alegando falta de dinheiro, dor de cabeça ou preocupação excessiva. Estão sempre tensos	5	Embora seja mais discreta, a mulher se sente valorizada por ter um amante, e isso a torna mais confiante
Embora tente disfarçar, o apetite sexual masculino diminui. Pelo menos, com a "oficial"	6	Para compensar as "puladas de cerca" e evitar que o parceiro descubra, ela fica mais carinhosa
Dão presentes e flores sem nenhum motivo especial e ligam ou mandam e-mails para saber se "está tudo bem"	7	Usa o celular sem falar o nome do interlocutor e mais ouve do que fala

DStarky/Shutterstock

Fonte: Noronha, 2011.

Quadro 1.2 – Sinais de infidelidade no homem e na mulher

O HOMEM QUE TRAI FICA EXTREMAMENTE NERVOSO QUANDO:
1. A mulher, em um misto de sutileza e cinismo, faz perguntas como: "Eu seria capaz de matar se soubesse que estou sendo traída. E você, perdoaria uma traição?" ou "Acho que Fulano está traindo Beltrana. Ele é muito mau caráter, não acha?"
2. A mulher ou namorada avisa que vai buscá-lo no trabalho bem no dia daquela "reunião" que vai acabar muito tarde.
3. A "outra" liga. Em geral, os homens tentam assumir um tom de voz mais formal para disfarçar e até se referem à amante como "Sr. Fulano", mas a modulação da voz entrega que estão conversando com uma mulher.
A MULHER QUE TRAI FICA EXTREMAMENTE NERVOSA QUANDO:
1. Alguém comenta que a viu na rua. "Sério? Onde? Quando? Tem certeza absoluta que era eu?"
2. O parceiro pergunta em que ela está pensando.
3. As amigas mais íntimas comentam com o parceiro que ela está distante e ausente.

Fonte: Noronha, 2011.

Com relação a essas pistas e à tensão dos supostos traidores, a detetive recomendou cautela aos leitores do *site*, pois algumas das mudanças apontadas podem sinalizar apenas cansaço ou crise.

Conforme visto neste capítulo, a profissão de detetive particular tem uma história relativamente recente, iniciada ainda no século XIX. Tendo em vista essa contextualização histórica da profissão, no próximo capítulo abordaremos qual a realidade da categoria dos detetives particulares no Brasil.

A realidade do detetive particular no Brasil

Como a profissão de detetive particular é relativamente nova e, no Brasil, ainda pleiteia a regulação de seu estatuto e de seus direitos profissionais, muitos não têm uma ideia clara de qual é a realidade da classe no âmbito nacional.

Com o propósito de verificar a expressividade dessa categoria na sociedade brasileira, a Federação Nacional de Juntas Comerciais do Brasil (Fenaju) pesquisou o número de empresas individuais e sociedades registradas, limitadas por Unidade da Federação, que fornecem prestação de serviços de investigação particular. Confira na Figura 2.1 essa relação.

Figura 2.1 – Detetives particulares registrados por estado

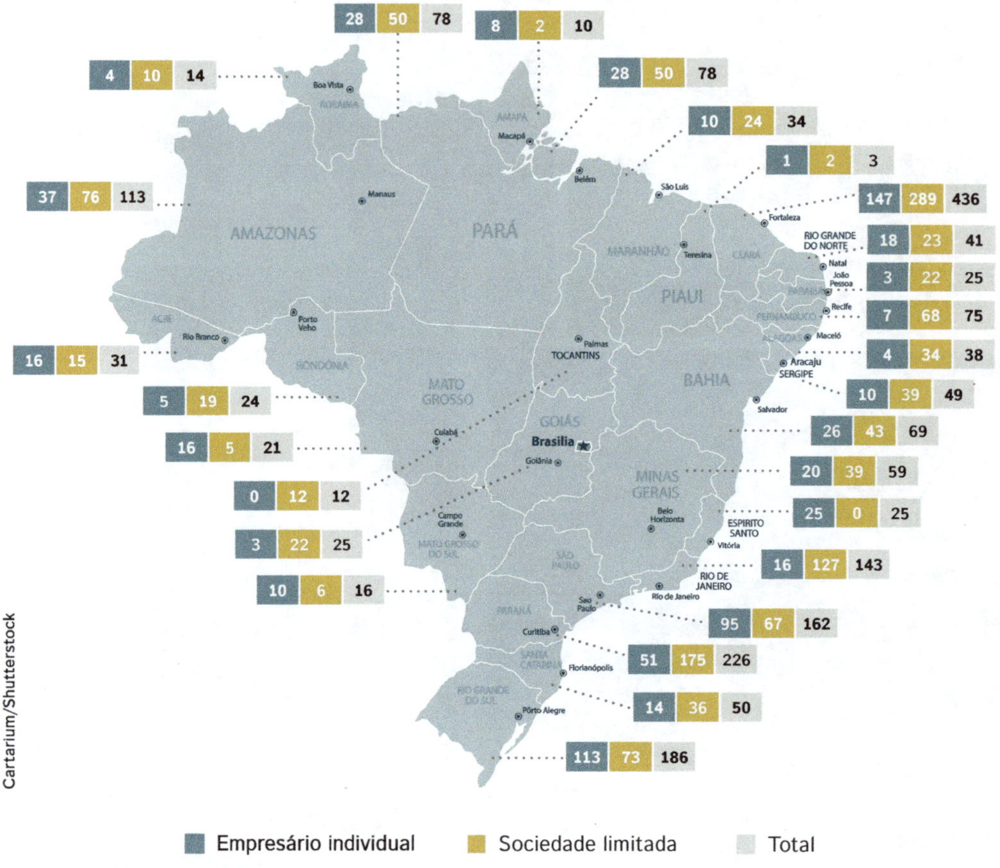

Cartarium/Shutterstock

Fonte: Elaborado com base em Fenaju, 2017.

Na Figura 2.1, chama atenção o Estado do Ceará, que conta com 147 detetives particulares formalmente registrados como empresários individuais e 289 registrados como sociedade limitada. Isso porque esse número é muito superior ao Estado de São Paulo, grande centro comercial do país, que conta apenas com 95 e 67 registros, respectivamente.

Outros locais que merecem destaque são: o Distrito Federal, que conta com 36 empresários individuais e 352 sociedades limitadas; o Paraná, que apresenta 51 e 175 registros, respectivamente; o Rio Grande do Sul, que conta com 113 e 73 registros; e o Rio de Janeiro, que apresenta 16 e 127 registros.

A Figura 2.2, por sua vez, apresenta o número de detetives particulares registrados – como empresa individual ou sociedade limitada – por capital.

Figura 2.2 – Detetives particulares registrados por capital

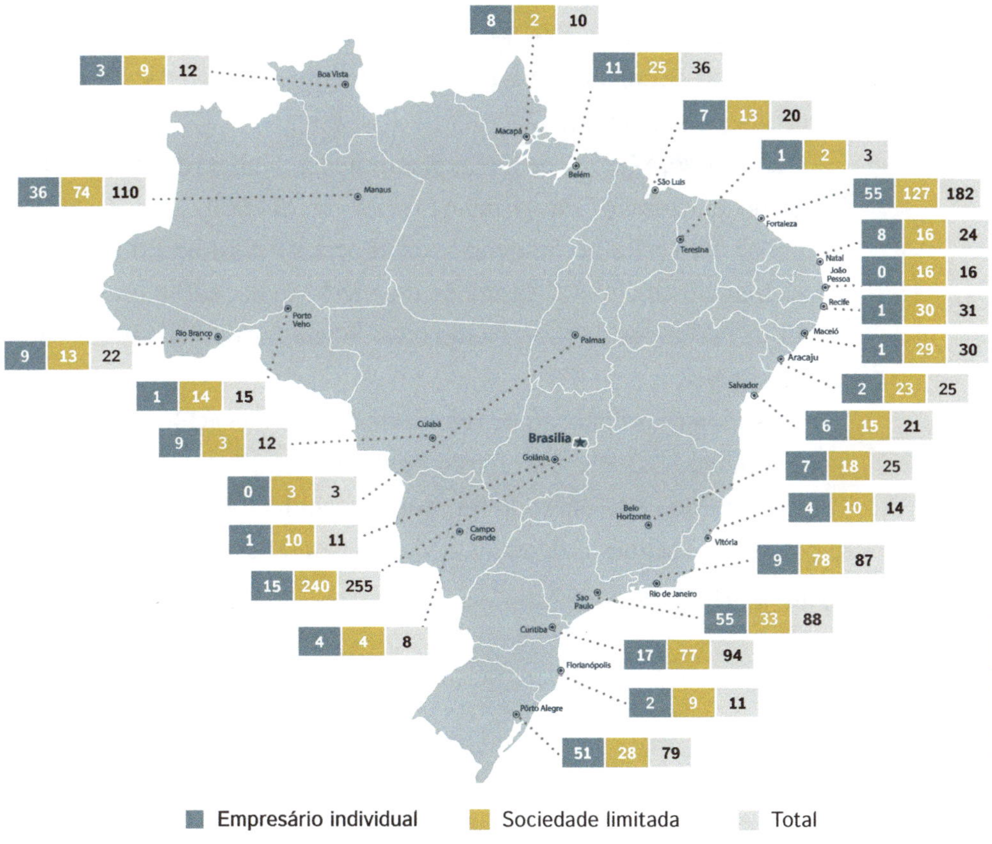

Cartarium/Shutterstock

Fonte: Elaborado com base em Fenaju, 2017.

Conforme é possível perceber, na Figura 2.2, a capital que se destaca é Brasília, que apresenta 15 empresas individuais e 240 sociedades limitadas. Apesar de ter um número inferior de sociedades limitadas (127 no total), Fortaleza, capital do Ceará, volta a se sobressair pelo número de empresários individuais registrados (55 no total), empatando com São Paulo.

Os números registrados nas duas tabelas, no entanto, evidenciam que a profissão não apresenta uma quantidade significativa de registros no Brasil, o que talvez seja proveniente da falta de regulamentação da profissão até o advento da Lei n. 13.432, de 11 de abril de 2017 (Brasil, 2017a).

Nesse ponto, é pertinente enfatizar que a legislação brasileira, mesmo antes da lei em questão, já reconhecia a profissão e autorizava seu exercício, exigindo o registro das empresas com essa atividade-fim. Isso porque a Lei n. 3.099, de 24 de fevereiro de 1957 (Brasil, 1957), dispõe sobre as condições para o funcionamento de estabelecimentos de investigação particular.

Além disso, a Comissão de Enquadramento Sindical do Ministério do Trabalho, em Sessão Ordinária no Processo n. 314.606/73, da Delegacia Regional do Trabalho, anexou a categoria profissional de Detetive Particular no Grupo 3 – Técnicos de Nível Médio, sob o código CBO 35-18-05 (Técnicos de Nível Médio nas Ciências Administrativas), como ocupação lícita.

Assim, a Classificação Brasileira de Ocupações (CBO) considerou, sob o código 3518-05, a profissão de detetive/investigador particular uma ocupação lícita em todo território nacional (Brasil, 2018).

Confira a seguir as determinações da CBO 3518-05 para o exercício da profissão em questão.

CBO 3518-05

Detetive profissional

3 - TÉCNICOS DE NÍVEL MÉDIO

35 - TÉCNICOS DE NÍVEL MÉDIO NAS CIÊNCIAS ADMINISTRATIVAS

351 - TÉCNICOS DAS CIÊNCIAS ADMINISTRATIVAS

3518 - Agentes de investigação e identificação

351805 - Detetive profissional

Sinônimos do CBO

3518-05 - Agente de investigação privada

3518-05 - Detetive particular

3518-05 - Investigador particular

Ocupações relacionadas

3518-10 - Investigador de polícia

3518-15 - Papiloscopista policial

Descrição Sumária

Investigam crimes; elaboram perícias de objetos, documentos e locais de crime; planejam investigações; efetuam prisões, cumprindo determinação judicial ou em flagrante delito; identificam pessoas e cadáveres, coletando impressões digitais, palmares e plantares. Atuam na prevenção de crimes; gerenciam crises, socorrendo vítimas, intermediando negociações e resgatando reféns; organizam registros papiloscópicos e custodiam presos. Registram informações em laudos, boletins e relatórios; colhem depoimentos e prestam testemunho.

Formação e Experiência

O exercício dessas ocupações requer escolaridade de nível médio e formação profissional de duzentas a quatrocentas horas/aula (investigadores policiais) e mais de quatrocentas horas/aula (detetives profissionais). Os papiloscopistas são qualificados em cursos especializados, com mais de quatrocentas horas/aula, ministrados pelas academias de polícia. Requer-se escolaridade de nível superior para os papiloscopistas da Polícia Federal. A(s) ocupação(ões) elencada(s) nesta família ocupacional demanda formação profissional para efeitos do cálculo do número de aprendizes a serem contratados pelos estabelecimentos, nos termos do artigo 429 da Consolidação das Leis do Trabalho – CLT, exceto os casos previstos no art. 10 do decreto 5.598/2005.

Condições Gerais de Exercício

Investigadores de polícias e papiloscopistas policiais trabalham em órgãos da administração pública, de segurança e defesa, como estatutários. Os detetives profissionais atuam em empresas de serviços pessoais ou por conta própria. O trabalho dessas ocupações, geralmente, é realizado em equipe, sob supervisão ocasional. Os profissionais trabalham em locais fechados, abertos ou em veículos, em horários irregulares e variados, com ou sem rodízio de turnos. Podem estar sujeitos a situações de pressão, à exposição de material tóxico e risco de morte.

Fonte: Brasil, 2018, grifo do original.

2.1 Perfil dos detetives particulares brasileiros

A fim de obter uma relação do perfil e dos interesses dos detetives particulares brasileiros, realizamos uma pesquisa *survey*[1] com a categoria, disponibilizada nas redes sociais para participação voluntária. Por meio desse estudo, foi possível estabelecer o perfil de 465 detetives particulares.

A primeira pergunta se referia à nacionalidade desses profissionais, cuja resposta pode ser conferida no Gráfico 2.1.

Gráfico 2.1 – Nacionalidade dos detetives particulares

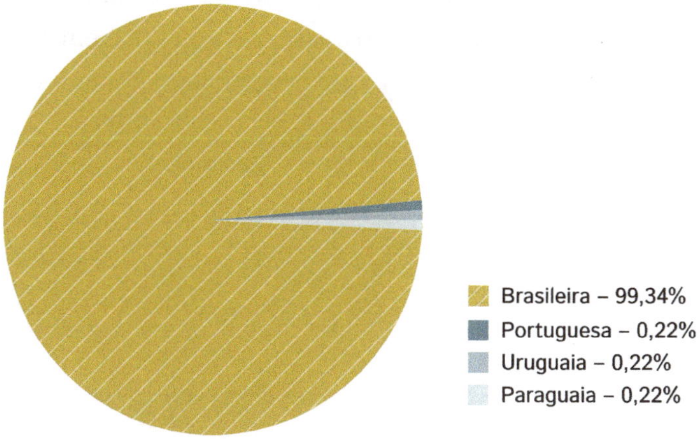

A segunda pergunta do questionário se referia ao estado civil dos respondentes. Conforme ficou explicitado, a maioria é casada – quase metade dos profissionais –, sem falar nos 15% que declararam viver em união estável. Um quarto dos respondentes declararam ser solteiros, ao passo que apenas 2% são viúvos. Os demais 8% preferiram não responder.

1 Levantamento de dados sobre as características e/ou as opiniões de determinada categoria ou grupo de pessoas (Gerhardt; Silveira, 2009).

Gráfico 2.2 – Estado civil dos detetives particulares

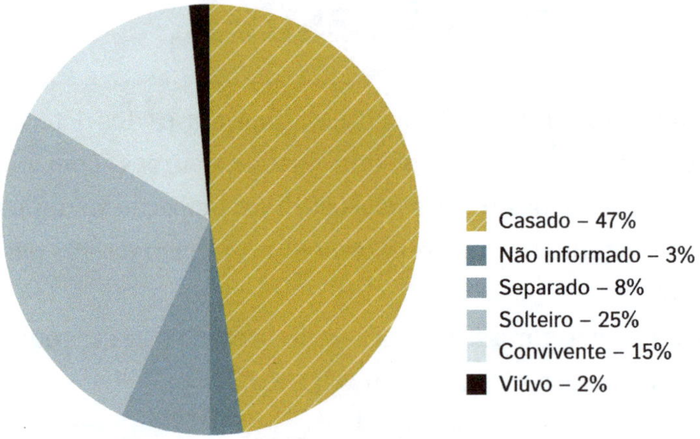

Com relação à residência e ao local de atuação, a maioria declarou viver e atuar e São Paulo (14,41%), ao passo que no Acre e em Tocantins há o menor índice de profissionais, com percentuais idênticos de 0,22%.

Gráfico 2.3 – Estado de atuação dos detetives particulares

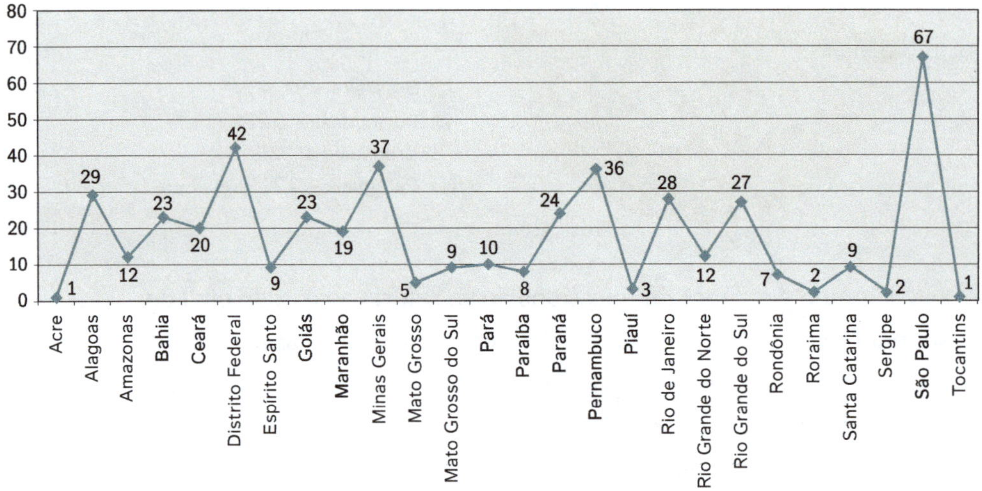

Com relação à detenção de uma agência de investigações própria, 69% dos detetives particulares informaram que não possuem, revelando que, possivelmente, a maioria dos profissionais é autônoma (Gráfico 2.4).

Essa questão se confirmou na pergunta seguinte, referente à autonomia desses profissionais, em que 88% dos detetives declararam ser autônomos, 11% alegaram não ser e 1% preferiu não informar (Gráfico 2.5).

Gráfico 2.4 – Agência de investigação própria

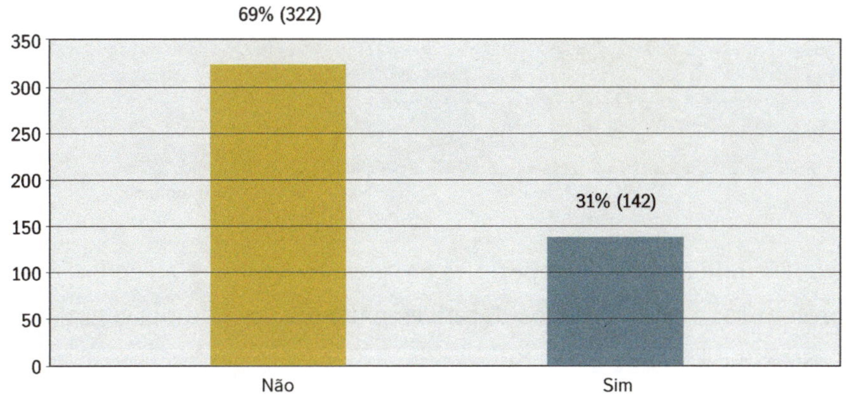

Gráfico 2.5 – Detetives autônomos

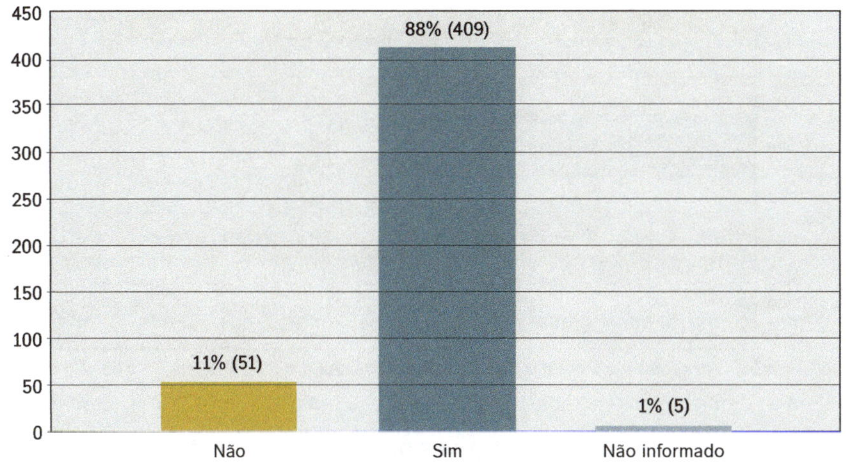

Já com relação ao registro no Cadastro Nacional de Pessoa Jurídica (CNPJ), a maioria declarou ainda não possuir. Dos respondentes, apenas 25% têm o registro.

Gráfico 2.6 – Registro no CNPJ

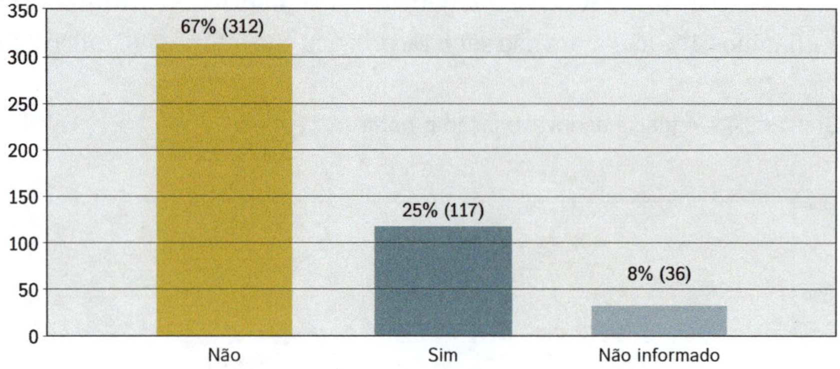

Os índices altos se repetiram na questão referente ao cadastro na prefeitura, o qual 65% dos detetives particulares não possuem, 34% possuem e 1% não informou.

Gráfico 2.7 – Cadastro na prefeitura

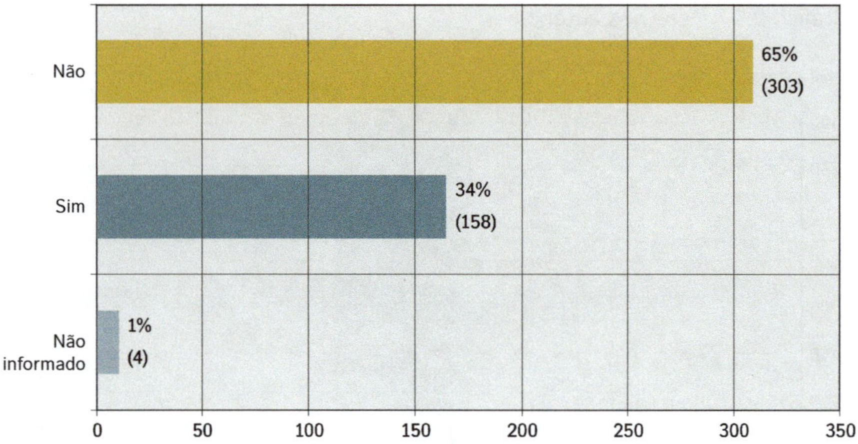

Sobre a formação dos detetives particulares, constatou-se que um pouco mais da metade cursou apenas até o ensino médio, ao passo que apenas 33,99% têm curso superior, dos quais 6,88% são tecnólogos e 6,03% têm pós-graduação.

Além do índice mediano de detetives graduados, chama a atenção o percentual de 0,86% de profissionais sem escolaridade e de 8,82%

apenas com ensino fundamental. Os demais 5,81% não indicaram seu nível de graduação.

Gráfico 2.8 – Formação acadêmica

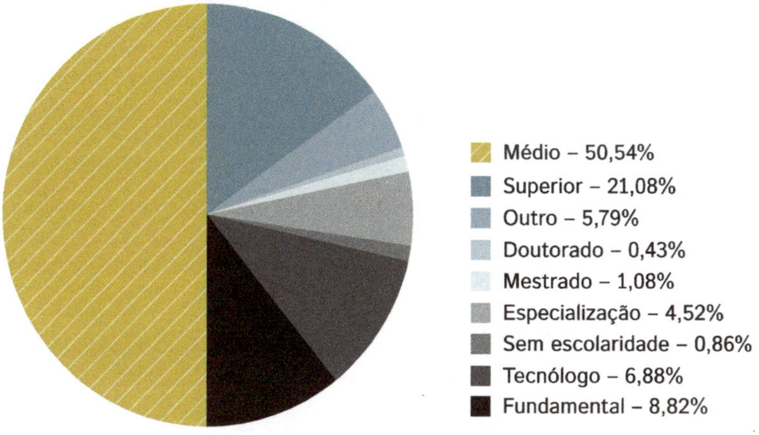

Felizmente, a pesquisa indicou um aumento de 27% na realização de cursos de formação ou especialização, entre os períodos de 2000 a 2009 e 2010 a 2017. Isso levanta o questionamento sobre o papel da possível aprovação, na época, da Lei n. 13.432/2017 nesse aumento do interesse e da procura de cursos e especializações.

Gráfico 2.9 – Realização de cursos de formação ou especialização

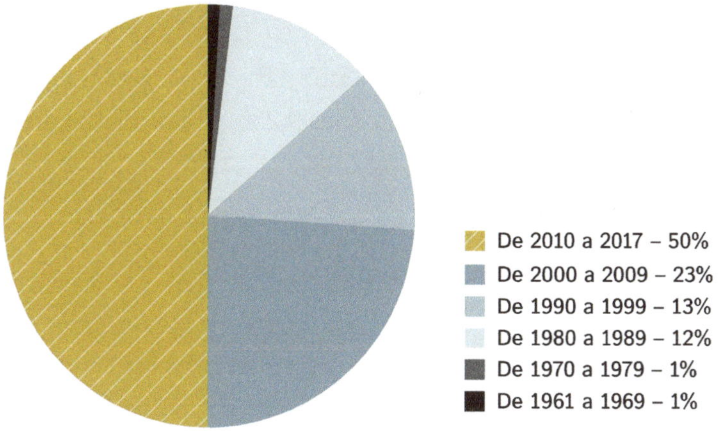

Após o término do levantamento do perfil dos detetives particulares brasileiros, o questionário ainda apresentou mais quatro questões: 1) intenção de filiação à futura Ordem dos Detetives do Brasil (ODB); 2) liberação do porte de arma para a categoria; 3) criação da Carteira Funcional Nacional; e 4) uso de comunicação virtual no exercício da profissão.

Com relação ao primeiro tópico, o Gráfico 2.10 revela um parecer positivo, tendo em vista que 90% dos participantes demonstraram intenção de se filiar à ODB e à Federação dos Detetives do Brasil (Fenad). Além disso, os demais 10% não foram contrários à filiação, apenas preferiram não responder.

Gráfico 2.10 – Intenção de filiação à ODB e à Fenad

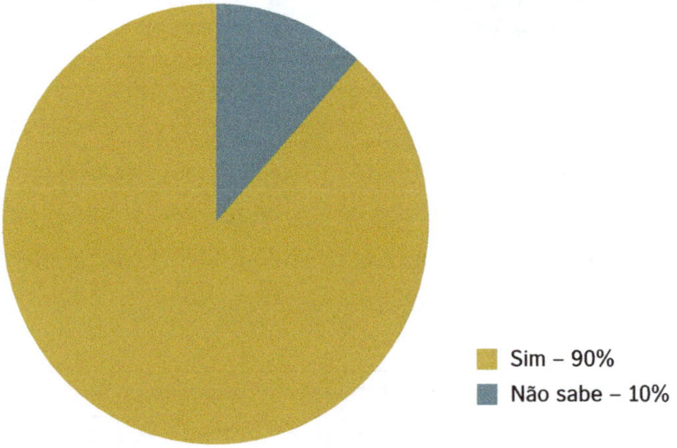

Sobre a aprovação do armamento para a categoria, novamente houve quase unanimidade, com apenas 9,25% se posicionando contrariamente à questão.

Gráfico 2.11 – Porte de arma para detetives particulares

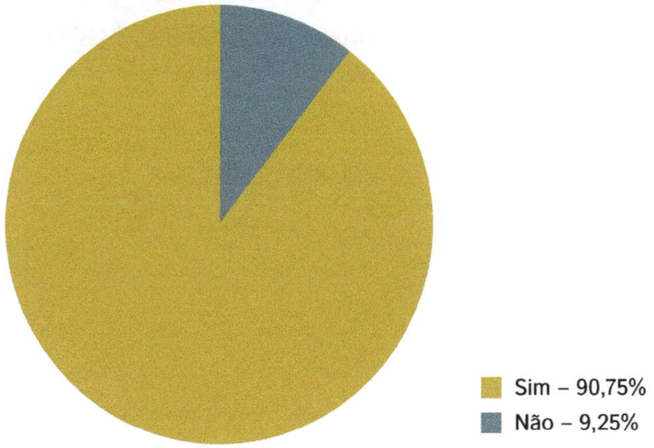

Da mesma forma, sobre a Carteira Funcional Nacional, quase todos se mostraram favoráveis, exceto 0,86% dos entrevistados.

Gráfico 2.12 – Carteira Funcional Nacional para detetives particulares

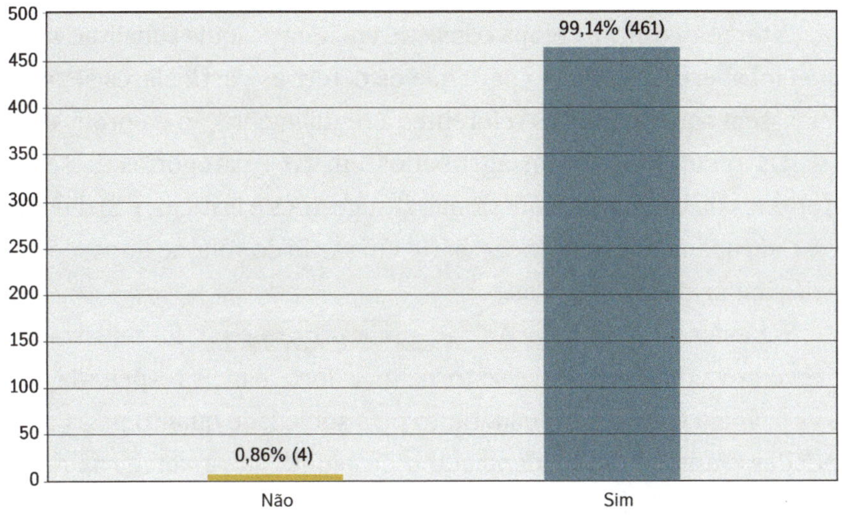

Por fim, foi verificada a importância da comunicação virtual para a categoria. Dos 465 respondentes, 157 declararam usar meios de comunicação virtuais no exercício da profissão. Entre eles, 59,87% têm *site* e 3,18% usam redes sociais.

Gráfico 2.13 – Comunicação virtual no exercício da profissão

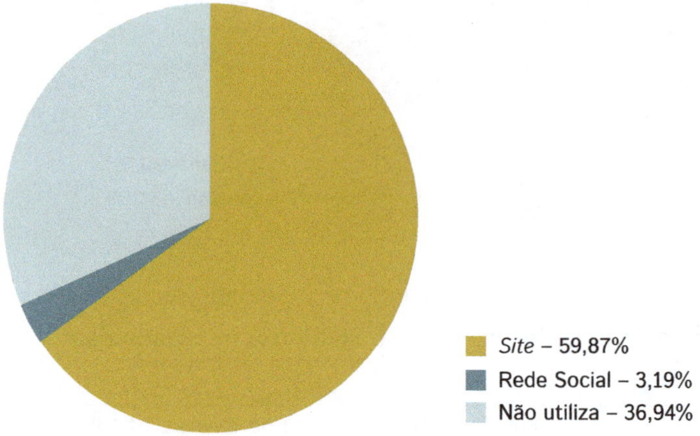

A terceira e última etapa consistiu em uma pesquisa qualitativa, na qual foi aberto um espaço para que os detetives particulares se manifestassem sobre questões referentes à regulamentação da profissão.

Os resultados foram agrupados em três categorias, a saber: 1) anseios da categoria profissional; 2) sugestões e críticas; e 3) dúvidas. Esse agrupamento se fez necessário em razão do volume de respostas e da similaridade entre elas.

Na esfera dos **anseios da categoria profissional**, foi registrada a expectativa de que a classe se torne mais forte e mais respeitada com a criação da ODB e da Fenad, tanto pela sociedade quanto pelas autoridades. Também foi evidenciado o desejo de que a categoria possa constituir seu Conselho Federal e lutar por seus direitos, como o porte de arma e a carteira funcional. Para fundamentar o desejo por essas mudanças, um dos participantes declarou o seguinte: "Estou esperando a regularização para que possamos trabalhar mais tranquilos e com verdadeiro respaldo em todos os sentidos".

Muitos demonstraram seu apoio à luta, enfatizado nas seguintes colocações: "Esse é o momento de lutar com garra para que a classe seja bem vista, com seriedade e responsabilidade"; "Que venha o melhor para toda nossa categoria, que tanto tempo lutou"; "Estamos juntos nessa luta"; "Desejo que realmente tenhamos uma entidade séria para nos representar em todo o território nacional"; "Estão no caminho certo fazendo esse levantamento"; e "É uma grande iniciativa a implementação dessas entidades privadas".

Muitos elogios foram recebidos, como: "A ideia é ótima, parabéns a todos que estão nessa iniciativa. Eu acredito que uma ordem de nível nacional vai favorecer, e muito, a categoria"; "Se é bom para todos, vamos em frente, pois juntos somos mais fortes"; "Sou um profissional que busca sempre a verdade e a decência, por isso, confio nos profissionais que estão à frente da elaboração da ODB e da Fenad e estarei também à disposição quando se fizer necessário"; e "Grato a todos pelo desenvolvimento de todas essas oportunidades para os detetives de todo o país. Acredito que, em breve, estaremos com uma categoria sólida e firme. Gostaria apenas de firmar o meu apoio [...]. Parabéns!".

Na categoria **sugestões e críticas**, no que se refere às sugestões, foi proposto o seguinte:

- tornar cada cinco anos comprovados de exercício da profissão equivalentes a um ano na carteira funcional nacional para os detetives que já exerciam a profissão na data da aprovação da Lei n. 13.432/2017;
- prever que os quadros de afiliados sejam formados por agentes autônomos, empregados, empresários individuais ou sócios de empresas de investigação particular, ensino livre profissionalizante e entidades associativas da categoria, bem como possibilitar o cadastramento dos não militantes, isto é, portadores do certificado do curso de detetive particular ou equivalente que não estão formalizados (sem CCM/CNPJ);
- fornecer às entidades equipamentos e veículos, a fim de que eles sejam disponibilizados àqueles profissionais com menos recursos,

pois, quando um ajuda o outro, todos se tornam mais fortes e isso garante o sucesso da profissão;

- criar na ODB e na Fenad a Diretoria de Ensino e Pesquisa;
- criar um cadastro de todas as pessoas que se identificam como detetives privados e solicitar a comprovação de que estão, de fato, em atividade;
- apresentar uma base formada de pessoas sérias e comprometidas com a classe dos detetives;
- ter uma entidade que represente a categoria e garanta a total segurança dos profissionais;
- definir padrões de cobrança e um código de conduta;
- fundar a ODB o mais rápido possível, a fim de que a sociedade saiba que a profissão de detetive particular tem um órgão que confere credibilidade e confiança ao profissional, resguardando o processo de contratação;
- garantir que a ODB seja íntegra e pertencente a todos os profissionais da categoria;
- ter um cadastro da entidade em um local de consulta acessível a todos, que apresente cada profissional regulado com nome e registro;
- proibir, por meio do código de ética, qualquer declaração errônea sobre outro colega de profissão;
- criar apenas um órgão de representação – no caso, a Federação Nacional – para representar a classe;
- antes de eleger um representante estadual da ODB, realizar uma verificação do candidato: sua vida pregressa, civil e criminal e sua reputação perante os colegas do estado em questão;
- a ODB representar, efetivamente, a categoria de norte a sul do Brasil;
- a ODB e a Fenad montarem um Curso Único de Agente de Investigação, disponibilizado a todas as agências que ministram o curso e que estariam registradas nos referidos órgãos. Assim, haveria um curso-padrão, com as mesmas disciplinas e carga horária em todas as agências. Em contrapartida, as agências que fizessem uso

do material de estudo teriam de pagar, para os órgãos citados, uma porcentagem de cada formando, como forma de contribuição;

- definir uma sede oficial da comissão para organização da normatização, a fim de que os profissionais possam se cadastrar e ter uma identidade única, válida em todo o Brasil. Essa comissão contaria com um representantes oficiais de cada estado;
- formar uma entidade forte e unida nacionalmente;
- como em outros países, tornar os detetives uma espécie de polícia privada, com direito ao porte de arma e a prender infratores;
- garantir a todos os detetives o direito de escolha, por votação, de seus diretores e do presidente na ODB;
- estabelecer uma anuidade acessível a todos para participar da ODB;
- a carteira funcional trazer no cabeçalho o nome do respectivo estado de origem;
- haver maior cobrança na formação dos sindicatos estaduais e de informações sobre cursos, matérias e horas/aulas, bem como padronizar o distintivo do detetive particular e da carteira funcional;
- "atuar na área criminal sem intervenção da polícia";
- autorizar ao detetive o acesso ao Infoseg[2];
- propiciar que os detetives particulares realmente trabalhem em conjunto com a polícia, tendo em vista que, em algumas regiões do Brasil, é sensível o desrespeito da polícia com os investigadores privados;
- garantir que "a classe possa ter uma banca de ética ou conselho curador e fiscalização para exortar, punir e desassociar os maus profissionais";
- organizar os verdadeiros profissionais e unir as entidades com um único objetivo: trabalhar pela honra dos contratantes; e
- garantir treinamento para as pessoas que estudam por correspondência.

---

2 Banco de dados do Ministério da Justiça que permite verificar pessoas, veículos e armas.

Mais uma vez, um dos principais assuntos manifestados nas sugestões foi o porte de arma para a categoria, que seria restrito a investigadores com 21 anos ou mais, em vez de 25 anos, ou por meio de declaração que comprove que o porte de arma é uma garantia para o exercício das funções de detetive.

Nas palavras de um participante, no entanto, embora o porte de armas seja necessário, é preciso ter cautela, pois há profissionais antiéticos aos quais isso poderia apresentar um perigo, sendo que o controle desse tipo de problema só poderia ser garantido após a criação da ODB. Além disso, conforme ressaltou, qualquer problema com o porte de armas sem que haja o respaldo da ODB poderia tornar a sociedade ainda mais descrente com relação à profissão.

Já outro participante da pesquisa sustentou que o detetive precisa, realmente, mais do que armas, pois é necessário o apoio das autoridades em geral para legitimar o exercício da profissão – de maneira que seja possível retribuir esse apoio.

Com relação à Lei n. 13.432/2017, sancionada com vetos, um participante da pesquisa declarou:

> Se faz necessário alguns ajustes na Regulamentação para que seja novamente votada e adicionados alguns parágrafos necessários. O porte de arma se faz necessário, pois o agente de campo corre risco de vida quando se depara com diversas situações e já houve casos de agentes assassinados. Por isso, o detetive brasileiro deve ter seu porte de arma em consonância com as leis pátrias.

Outro fator levantado foi que a classe não possui um padrão para o exercício da profissão, o que leva muitos detetives a enfrentarem dificuldades para averiguar, investigar e até mesmo lidar com os clientes. Isso porque não há padronização de conteúdos nas escolas de formação nem dos valores cobrados por cada curso. Sendo assim, alguns participantes da pesquisa acharam que essa questão deveria constar na Lei n. 13.432/2017.

Para resolver essa questão, um dos participantes sugeriu a padronização dos cursos de formação, de maneira que os profissionais que já concluíram essa etapa com carga horária menor, complementem as horas faltantes como requisito para obter o certificado reconhecido pelo Ministério da Educação e Cultura (MEC). Além disso, foi sugerida a realização de uma avaliação técnica teórica, como forma de provar a capacidade adquirida nos cursos de formação. Por fim, foi sugerido que o ensino a distância não seja mais uma opção na formação do detetive particular, porque sem a prática não há aprendizado.

A classe não possui um padrão para o exercício da profissão, o que leva muitos detetives a enfrentarem dificuldades para averiguar, investigar e até mesmo lidar com os clientes.

Além dessas questões, como foi possível perceber, muitos reivindicam dignidade e reconhecimento profissional, pois desejam atuar em conjunto com as polícias federal e civil sem tanta burocracia ou indiferença. Nesse sentido, muitos destacaram que: "Um investigador é praticamente um policial: tem que utilizar distintivo e algemas. Além disso, a numeração da carteira deve estar registrada em todas as delegacias em nível nacional, não só estadual"; "Precisamos ser mais unidos e ter a nossa classe respeitada, por meio de representação e fiscalização"; "Para que haja reconhecimento da categoria nas instituições privadas e governamentais, é preciso que a categoria tenha uma estrutura, uma entidade representando a todos a nível federal, em que só os cadastrados tenham toda a cobertura, trazendo credibilidade e reconhecimento"; e "Vindo de órgãos governamentais, sou a favor de uma entidade fiscalizadora da classe e também de uma credencial nacional única".

Outro participante sugeriu uma série de necessidades para garantir credibilidade e segurança ao exercício profissional do detetive:

> Entendo que são necessários alguns ajustes para um melhor desempenho operacional, começando pela melhora da relação extraprofissional com as forças de segurança pública, assim evitando desgastes desnecessários do profissional detetive, além de uma funcional com

fé pública e bem mais detalhada nas informações do profissional, assistência jurídica em nível nacional, central de dados em âmbito nacional para evitar fraudes na emissão e confecção da identidade funcional, a garantia da integridade física do profissional e de sua família com o porte de arma, e, por fim, a reunião dos profissionais em regionais, que os auxiliem no apoio operacional.

No tocante às **críticas**, foram destacadas as seguintes opiniões: "Sou a favor das Entidades, desde que não seja somente para arrecadar dinheiro e que o valor da anuidade seja, no mínimo, 10% do salário"; "Quanto à criação da ODB, vejo-a como desnecessária, por razões óbvias, em diversos aspectos que serão negativos à atividade do detetive particular"; e "Se vai existir um Conselho Federal dos Detetives Particulares, não há necessidade de criar outra entidade no momento, visto que haveria registros duplicados e o pagamento de duas contribuições".

Algumas das críticas se devem ao fato de que nem todos os participantes da pesquisa estava cientes da finalidade das duas entidades. Uma das principais preocupações levantadas foi o valor da anuidade a ser cobrado de seus filiados.

Finalmente, na categoria **dúvidas**, foi questionado se a criação da ODB modificaria alguma coisa, para os filiados, no registro na Prefeitura Municipal, tendo em vista que, em algumas localidades, há isenção de Imposto Sobre Serviços (ISS).

Em síntese, essa última etapa da pesquisa revelou o apoio à iniciativa de união dos profissionais brasileiros; à luta pelo reconhecimento da profissão e pela dignidade que isso acarreta; à criação da ODB e da Fenad, bem como da Carteira Funcional Nacional; e à liberação do porte de arma para os detetives particulares. Além disso, foi sugerida a regulamentação da formação mínima para o detetive poder atuar efetivamente em prol da sociedade.

Ainda assim, conforme ressaltado pelo blog Elementar Detetives (2017), muitas pessoas que optam pela profissão de detetive privado já apresentam algum tipo de experiência, por terem exercido outra profissão próxima, como a de policial, ou começam como aprendizes de outro detetive, que fornecerá uma instrução mais formal.

No entanto, em diversas regiões do mundo, é exigido do futuro profissional o estudo e o treinamento para o exercício da profissão, conforme é possível observar a seguir:

> Em muitas partes do mundo, o estudo e o treinamento são apenas os primeiros passos. Para se tornar um detetive particular [...] é preciso se candidatar a uma licença e consegui-la, mas o processo pelo qual a pessoa tem de passar varia de acordo com o lugar. Na Inglaterra e em Gales, por exemplo, não existe um procedimento oficial de licenciamento, mas a Security Industry Authority, que regulariza a segurança privada na Grã-Bretanha, fez uma pesquisa em 2005 e 2006 que pôde finalmente levar ao licenciamento dos detetives privados. Nos Estados Unidos, cada estado tem suas próprias exigências de licenciamento. [...] A maioria dos [...] Estados exige uma mistura de ensino e treinamento e o candidato tem que ter ficha criminal limpa[3]. (Elementar Detetives, 2017)

O Brasil, na contramão das exigências de outros países, mesmo depois da aprovação da Lei n. 13.432/2017, não impõe nível mínimo de formação ou mesmo formação profissionalizante para a atuação como detetive particular, tendo sido vetado o art. 3º do texto original, que impunha esse e outros requisitos para o exercício da profissão.

A título de curiosidade, convém informar que nos Estados Unidos foi desenvolvido um aplicativo para a contratação de detetives particulares: o *Trustify*. Confira a seguir como ele funciona.

---

3 Para saber mais sobre a realidade do detetive particular nos Estados Unidos, confira o texto na íntegra em Elementar Detetives (2017).

Agora existe um aplicativo para contratar detetives

[...]

O Trustify, da empresa de Washington D.C., FlimFlam Investigations, é um serviço que leva usuários até um investigador privado. O aplicativo foi lançado no dia 29 de maio depois de uma campanha bem-sucedida para obtenção de fundos com investidores-anjo.

Ao abrir o aplicativo, ele lhe conduz a responder uma breve pesquisa que identifica o que você quer investigar. Em seguida, é feito contato com um investigador privado selecionado, que pegará o caso em cerca de uma hora.

De acordo com Ray Glendening, porta-voz do Trustify, o aplicativo é usado por todo tipo de gente. Os casos com os quais lidam vão de "possíveis empregadores querendo saber mais sobre seus entrevistados, pais que querem mais detalhes sobre quem cuida de seus filhos e aqueles que querem encontrar antigos amigos", afirmou.

Danny Boice, CEO do Trustify, disse ao Washington City Paper que a ideia do aplicativo surgiu depois de uma experiência ruim com um detetive particular. Ele havia pago US$ 1.500 de garantia, foi enrolado por uma semana e não obteve nenhuma informação que pudesse ser usada em um julgamento. Enquanto isso, recorreu a outros meios que se provaram mais caros e não obteve nada de útil. O problema, disse, era pagar essas garantias: os investigadores levavam uma bolada por qualquer trabalho.

O Trustify ao menos conta com alguma segurança quanto a isso: você paga US$ 59 para entrar em contato com um investigador e, caso ele decida que não tem como lhe ajudar, o dinheiro é estornado. A empresa promete conseguir alguém para investigar o caso em até 48 horas após o registro. As taxas começam em US$ 59 por hora, das quais os investigadores recebem 35. O sistema funciona como qualquer outro serviço de economia compartilhada: os contratados justificam salários menores em troca de maior exposição a possíveis clientes.

Todo o marketing fica a cargo do aplicativo. "Ao passo que um detetive poderia lucrar mais por meio de marketing próprio, eles não teriam a mesma exposição que o Trustify pode lhes gerar", disse Glendening.

Fonte: Nguyen, 2015.

A luta pelo reconhecimento da profissão

3

A semente da luta pelo reconhecimento da profissão de detetive particular foi plantada no dia 24 de julho de 2010, em um encontro informal entre mim (Itacir Amauri Flores), Amadeu Camargo e Henrique Vargas – recentemente falecido –, realizado no Café à Brasileira, localizado no Centro Histórico de Porto Alegre.

No entanto, conforme demonstraremos nas seções a seguir, houve um longo processo de luta até a criação da Lei n. 13.432, de 11 de abril de 2017 (Brasil, 2017a), iniciado com os esboços do que se tornaria o Projeto de Lei n. 1.211, de 2011 (Brasil, 2011).

3.1 O início da luta

Há certo simbolismo em a luta pelo reconhecimento da classe dos detetives particulares ter se iniciado justamente no Estado do Rio Grande do Sul, local notadamente marcado pela sua história de lutas, especialmente a Revolução Farroupilha (1835-1845). Afinal, a mencionada revolução impregnou a cultura rio-grandense com o espírito de luta, tornando essa uma característica marcante de seus habitantes até os dias de hoje.

No dia 24 de julho de 2010, enquanto tomava um pingado no Café à Brasileira, recebi uma ligação de Amadeu Camargo[1] – presidente da Associação Gaúcha dos Detetives Particulares (Agadep) e amigo de longa data –, que desejava conversar com urgência. Convidei-o a se juntar a mim na cafeteria. Ele chegou acompanhado de um homem que eu ainda não conhecia, mas de quem rapidamente me tornei amigo: Henrique Vargas, mais conhecido como Rike Vargas.

Durante a conversa, fui convocado a lutar pelo reconhecimento da nossa categoria, desvalorizada pelo Estado brasileiro e pouco conhecida e requisitada pela sociedade. A discussão se estendeu por mais de três horas. Amadeu explicou que, em conversa com sua diretoria, sugeriu meu nome para ajudar a pleitear uma lei para a classe dos detetives particulares.

1 Amadeu Camargo é detetive particular e formado em Direito. Em 2000, foi meu professor no curso de Detetive Particular.

O que motivou essa indicação, provavelmente, foi o fato de eu ter sido oficial superior da Polícia Militar, ter uma excelente relação política com diversos setores da sociedade rio-grandense e, além disso, ser um apoiador incondicional da categoria. Em diversas oportunidades, sugeri orientações de procedimentos que, no meu entender, seriam extremamente relevantes ao dia a dia dos profissionais.

No decorrer da conversa, o Detetive Rike Vargas[2] expôs, de maneira geral, o contexto da profissão Brasil afora. Ele foi claro e objetivo ao abordar as razões que motivaram o pedido de auxílio na luta pela regulamentação da profissão, a qual, no seu entendimento, encontrava-se jogada no limbo pelo Estado brasileiro.

De acordo com Vargas, nossa profissão não recebe o devido respeito e ainda sofre preconceitos, até mesmo por parte das autoridades, que sempre agiram como se a categoria não existisse. Conforme se expressou, esse descaso o chateava, assim como provavelmente entristece a maioria dos detetives particulares brasileiros. Tendo isso em vista, Vargas ressaltou a necessidade de iniciarmos uma luta, destacando o exemplo de guerreiro que o gaúcho sempre foi para o restante do país. Ao final de sua fala, ele salientou qual seria o meu papel nessa batalha: dar o pontapé inicial.

Assim, firmamos um pacto de lutar pela classe de forma gratuita, solidária e voluntária, lema que até hoje professamos em discursos e debates realizados em todo o Brasil. A mim foi relegada a tarefa de articular, em parceria com algum deputado federal, uma proposta de pré-projeto de lei com o propósito de trazer dignidade à profissão.

---

2 Um fato que me chamou a atenção foi que Rike Vargas, na ocasião, trouxe duas sacolas aparentemente pesadas, as quais, como vim a saber mais tarde, continham muitos papéis, documentos e recortes de revistas e jornais com seus trabalhos. Essas sacolas o acompanharam em todos os lugares que visitamos para pleitear os direitos da categoria.

Ao longo dessa trajetória, tornei-me ainda mais engajado na busca pelos direitos da categoria, algo que perdura até hoje, visto que a Lei n. 13.432/2017, recentemente aprovada, não atendeu aos anseios da categoria.

Na semana seguinte ao encontro na cafeteria, realizamos uma nova reunião, na qual discutimos uma proposta pensada durante esse intervalo. Nela, esclareci aos meus colegas quais ações pretendia tomar para dar seguimento à luta pelo reconhecimento da profissão.

Posteriormente, em outra ocasião, Rike Vargas e eu fomos visitar um casal de detetives – Milton Ribeiro Lemos e Fabiana Aparecida Michel Lemos, proprietários da Agência Birô Lemos de Investigações e Segurança Ltda. –, aos quais esclarecemos a missão que me fora confiada. Na sequência, conversamos longamente sobre a realidade e as necessidades da profissão. Após esse encontro, o casal Lemos passou a integrar nossa Comissão Nacional de Pró-Regulamentação da Profissão de Detetive (CNPRD), sendo que a Detetive Fabiana se tornou a secretária-geral do movimento.

Alguns dias mais tarde, com base em longas horas de pesquisa, fiz um levantamento das principais necessidades da categoria, a fim de elaborar nosso projeto. Para isso, levei também em consideração conversas que tive com profissionais da categoria.

Após a elaboração de uma minuta do pré-projeto, convocamos nova reunião. Cada um dos cinco presentes recebeu uma cópia para análise posterior, ficando acertado que, no encontro seguinte, seriam ajustados os detalhes para o efetivo encaminhamento do projeto. Nessa reunião, portanto, debatemos item a item.

Em outubro de 2010, três meses após o primeiro encontro, chegamos a um consenso e, certamente, a uma versão final do projeto, que recebera a contribuição de todos. Ainda assim, não tínhamos um parlamentar que apreciasse o assunto para apresentá-lo ao Congresso Nacional.

Assim, o passo seguinte foi a peregrinação no Congresso Nacional, na qual obtivemos audiências com diversos parlamentares. Infelizmente, nenhum deles demonstrou interesse em assumir a nossa causa.

Na época, ainda não se cogitava promover uma investigação de corrupção do porte da Operação Lava-Jato. Quando abordei uma deputada federal para falar sobre nossa luta, ela me disse que ninguém encamparia o pleito e sussurrou que ela faria isso se prometêssemos que nunca a investigaríamos. Essa ocorrência tornou mais claras, para mim, as razões pelas quais tivemos tanta dificuldade em encontrar um parlamentar que assumisse a nossa causa.

Lembrei-me, então, de Ronaldo Nogueira, suplente do Deputado Federal Luiz Carlos Busato e também meu amigo. Agendamos um encontro na Assembleia Legislativa, que ocorreu um mês depois. Antes desse encontro, no entanto, reunimos diversos detetives do Rio Grande do Sul para, em uma reunião formal, explicar o objetivo da pauta e discutir todo o rol de itens que proporíamos ao Deputado Federal Ronaldo Nogueira.

Na reunião com Nogueira, que contou com a presença do Deputado Estadual Jurandir Maciel, explicamos nosso pleito. Após isso, ele anuiu e encaminhou uma cópia do pré-projeto aos advogados de seu gabinete, em Brasília, para análise.

Figura 3.1 – Entrega do pré-projeto ao Deputado Federal Ronaldo Nogueira

Marcus Vinicius Andrade de Oliveira

Da esquerda para direita: Deputado Estadual Jurandir Maciel, Detetive Henrique Vargas, Deputado Federal Ronaldo Nogueira, Itacir Flores e Detetive Milton Lemos.

Após mais de um mês de espera, recebemos a notícia de que o projeto fora ajustado às normas da Câmara dos Deputados e encaminhado para análise técnica pelo setor legislativo.

Foi assim que a CNPRD, inicialmente formada por mim, Amadeu e Rike Vargas, finalmente alçou voo, estendendo a discussão sobre a regulamentação a todos os recantos do Brasil.

3.2 Peregrinação na Câmara Federal

Em março de 2011, o setor legislativo se pronunciou sobre a tramitação do pré-projeto encaminhado pelo Deputado Nogueira, dando algumas coordenadas e sugerindo ajustes.

No dia 3 de maio do mesmo ano, o Projeto de Lei n. 1.211/2011, que "dispõe sobre a profissão de detetive particular, cria o Conselho Federal de Detetives do Brasil e os Conselhos Regionais de Detetives e dá providências correlatas" (Brasil, 2011), foi apresentado à Câmara pelo Deputado Nogueira, como é possível conferir nos anais da Câmara Federal. Esse dia constituiu um marco para a categoria dos detetives.

Entre o período de criação do pré-projeto e a apresentação do Projeto de Lei n. 1.211/2011, a CNPRD conquistou representantes em diversos estados do Brasil e passou a contar com um número cada vez maior de simpatizantes. Confira na Figura 3.2 alguns desses representantes.

Figura 3.2 – Manifestação pela regulamentação da profissão de detetive particular

Marcus Vinicius Andrade de Oliveira

A contribuição do Deputado Nogueira não terminou com a apresentação do projeto de lei em questão. Ele ainda se pronunciou, de maneira convicta, na tribuna do Plenário para esclarecer a todo Brasil que os detetives particulares precisavam de liberdade e de uma lei que norteasse sua profissão, a fim de que ela finalmente fosse reconhecida pela sociedade com seriedade e respeito. Nas palavras do deputado:

> Quando decidi apoiar o pleito da comissão, foi por convicção de que, a partir desta data, não mais deixaria desamparados os profissionais da investigação civil. Hoje apresento este Projeto de Lei que tramitará por muito tempo, todos sabem, mas é o início de [uma] longa jornada e não é o fim de nosso trabalho. Aprovaremos este [projeto] e apresentaremos quantos forem necessários para colocar a classe de detetives particulares do Brasil no ápice de suas coirmãs, mundialmente falando.

Em 26 de março de 2012, a Agadep divulgou a CNPRD e o Projeto de Lei n. 1.211/2011, a fim de garantir que a sociedade tomasse conhecimento de seu direito a um serviço de investigação na iniciativa privada.

Em 28 de novembro de 2012, eu e o advogado colaborador Vinicius Di Cresci, do Rio de Janeiro, comparecemos à Câmara dos Deputados – em nome de toda categoria – para agradecer a aprovação do Projeto de Lei n. 1.211/2011 pela Comissão de Trabalho, de Administração e Serviço Público (CTASP). Nessa ocasião, entregamos ao Deputado Ronaldo Nogueira um ofício de agradecimento pela sua importante participação na luta pela regulamentação da categoria, que merece ser tratada como as demais profissões elencadas pelas leis pátrias.

> Entre o período de criação do pré-projeto e a apresentação do Projeto de Lei n. 1.211/2011, a CNPRD conquistou representantes em diversos estados do Brasil.

Em junho de 2013, a CNPRD esteve na Comissão de Constituição e Justiça e de Cidadania (CCJC) da Câmara Federal, a fim de protocolar ofício solicitando ao seu presidente e membros a apreciação urgente do relatório do Deputado Federal Marcos Rogério, que entendeu ser constitucional a regulamentação da profissão.

Em setembro de 2013, em viagem ao Recife, dirigentes da CNPRD realizaram uma palestra sobre o projeto de lei em tramitação, com vistas a discutir a estruturação, a organização e o funcionamento do futuro da classe para um grupo de profissionais do estado pernambucano.

No mesmo mês, uma nova audiência com o Deputado Nogueira foi realizada, da qual participou um representante da Secretaria de Políticas Públicas de Emprego, do Ministério do Trabalho e Emprego (MTE), o Presidente e o Vice-Presidente da CNPRD. Na oportunidade, foi informado que a matéria se encontrava na CCJC da Câmara dos Deputados. Ronaldo Nogueira, na ocasião, afirmou textualmente que "é indispensável a regulamentação da profissão de detetives no Brasil, pois a sociedade ganhará muito no fortalecimento e consolidação de um setor que a cada dia cresce e que hoje está sendo executado muitas das vezes à revelia das autoridades e também de forma clandestina" (Brasília..., 2013, p. 14).

Em novembro de 2013, a CNPRD esteve em Brasília, participando de reuniões com o Ministério de Educação e Cultura (MEC), o MTE, a CCJC da Câmara dos Deputados e o gabinete do Deputado Ronaldo Nogueira. No MEC, foi debatido o número de horas/aula ideal para o Curso Técnico de Investigação Privada, que entraria em vigor após ser sancionada a lei de regulamentação da profissão. No MTE, foi discutida a transição dos profissionais que já desempenham a profissão, tendo em vista a nova exigência proposta pela futura lei: realizar o curso da área para exercer a profissão. Isso porque os profissionais que já exercem o ofício têm direito adquirido por já estarem trabalhando e desenvolvendo suas atividades há décadas, ao passo que os novos detetives, após a aprovação da lei, devem passar por curso técnico, conforme prevê a legislação. Além disso, foi analisada a possibilidade de profissionais oriundos da Segurança Pública exercerem a profissão de detetive particular. Na CCJC, foi solicitada a agilização da votação do Projeto de Lei n. 1.211/2011.

Em fevereiro de 2014, a CNPRD recebeu, em Porto Alegre, a visita de Walmir Battu, do Conselho de Detetives do Brasil (CDB). Além disso, a comissão se reuniu, em duas ocasiões, com o Deputado Ronaldo Nogueira na Assembleia Legislativa. No mês seguinte, Rike Vargas viajou à Brasília para conferir o andamento do Projeto de Lei n. 1.211/2011 com a CCJC, sendo-lhe informado que o assunto estava na pauta de 26 de março.

Em 19 de março de 2014, o Deputado Ronaldo Nogueira adiantou a discussão do projeto em questão na Câmara de Deputados, argumentando a urgência de incluí-lo na pauta do dia. Leia a seguir o texto na íntegra.

CÂMARA DOS DEPUTADOS - DETAQ

Sessão: 052.4.54.O Hora: 17h28 Fase: PE

Data: 19/03/2014

Sumário

Necessidade de imediata inclusão na pauta do Projeto de Lei nº 1.211, de 2011, sobre a regulamentação da atividade de detetive particular. Situação de penúria dos laboratórios de análise clínicas no País.

O SR. PRESIDENTE (Marçal Filho)–Concedo a palavra ao Deputado Ronaldo Nogueira, do PTB do Rio Grande do Sul. S. Exa. dispõe de até 1 minuto.

O SR. RONALDO NOGUEIRA (PTB-RS. Sem revisão do orador.)– Sr. Presidente, Sras. e Srs. Deputados, eu quero dar como lidos dois pronunciamentos que faço. O primeiro deles trata da necessidade da celeridade de tramitação e votação do Projeto de Lei nº 1.211, de 2011, que versa sobre a regulamentação da atividade de detetive particular. Recebemos hoje na Casa, Sr. Presidente, a comissão pró-regulamentação da atividade. E nós queremos, em nome do Presidente, Sr. Itacir Flores, saudar a todos os demais integrantes da comissão.

O pronunciamento que faço também trata da situação em que vivem os laboratórios de análises clínicas do nosso País.

O SR. PRESIDENTE (Marçal Filho) – Está registrado, Deputado Ronaldo.

PRONUNCIAMENTO ENCAMINHADO PELO ORADOR

Sr. Presidente, Sras. e Srs. Deputados, quero registrar nesta tribuna a necessidade de celeridade na votação do Projeto de Lei nº 1.211, de 2011, que versa sobre a regulamentação da profissão de detetive particular, que é informalmente reconhecida pela sociedade, sendo seus serviços utilizados cotidianamente por pessoas físicas e jurídicas.

Entretanto, a própria Portaria nº 397, de 9 de outubro de 2002, do Ministério do Trabalho e Emprego, que **aprova a Classificação Brasileira de Ocupações- CBO/2002, para uso em todo o território nacional, e autoriza a sua publicação,** o insere no âmbito dos agentes de investigação e identificação, código 3518. Referido código se subdivide nos títulos 3518-05 (detetive profissional), 3518-10 (investigador de polícia) e 3518-15 (papiloscopista policial).

A categoria detetive profissional corresponde a agente de investigação privada, detetive particular e investigador particular. Na descrição sumária das atividades, dentre outras, as passíveis de exercício pelo detetive particular são investigar crimes; elaborar perícias de objetos, documentos e locais de crime; planejar investigações; atuar na prevenção de crimes; registrar informações em laudos, boletins e relatórios. Mesmo essas atividades, contudo, só poderão ser realizadas pelo detetive particular acessoriamente, subsidiariamente, uma vez que a atividade de investigação criminal, no Brasil, é privativa das polícias judiciárias, assim entendidas a Polícia Federal, as polícias civis e, quanto a crimes militares, as instâncias formais próprias das Forças Armadas e das polícias militares e corpos de bombeiros militares.

A investigação de caráter civil, no entanto, não encontra qualquer restrição à atividade do detetive particular. Em ambas as circunstâncias, há de se respeitar os direitos constitucionais fundamentais, especialmente aqueles descritos no art. 5º, incisos X, XI e XII, que dizem respeito à inviolabilidade da vida privada, do domicílio, e ao sigilo das comunicações. No atinente a formação e experiência, requer-se escolaridade de nível médio e formação profissional de mais de 400 horas/aula (detetives profissionais). Quanto às condições gerais de exercício da profissão, pontua a mencionada portaria que **os detetives profissionais atuam em empresas de serviços pessoais ou por conta própria.** Na sequência, provavelmente referindo-se a todas as categorias, a descrição prossegue, afirmando que **o trabalho dessas ocupações, geralmente, é realizado em equipe, sob supervisão ocasional. Os profissionais trabalham em locais fechados, abertos ou em veículos, em horários irregulares e variados, com ou sem rodízio de turnos. Podem estar sujeitos a situações de pressão, à exposição de material tóxico e risco de morte.** Algumas dessas circunstâncias, não todas, certamente se aplicam aos detetives particulares.

Os recursos de trabalho referidos são, dentre outros, os comuns à atividade do detetive, como aparelhos de comunicação, carteira de identificação funcional, gravador, lupas, máquina filmadora, dentre outros próprios dos agentes públicos. Participaram da formulação desse tópico da CBO, dentre outras instituições representativas da categoria, o Conselho Federal dos Detetives Profissionais (CFDP), a empresa Elite Brasileira de Investigações Profissionais e o Instituto de Investigações Águia de Prata. Não obstante, há uma lacuna legal que ampare referidos profissionais na sua digna atividade.

As polícias resistem a qualquer regulamentação da profissão, embora seja notória que ela exista e preste serviços relevantes à comunidade. A resistência se deve à imiscuição nas atividades policiais, afetando, relativamente, a competência privativa das polícias para a investigação criminal, por exemplo. Entretanto, consta que a maioria absoluta das investigações privadas têm por objeto a infidelidade conjugal, que não mais configura infração penal (adultério). É certo, também, que há muitos profissionais sem a formação adequada, que não atuam, seguramente, sob os ditames éticos necessários para atividade que ingressa, muitas vezes, no âmbito da privacidade dos indivíduos. Por tal razão, é mais que necessário um marco legal a dar proteção aos profissionais éticos e pôr cobro às ilegalidades.

A Lei nº 3.099, de 24 de fevereiro de 1957, **determina as condições para o funcionamento de estabelecimento de informações reservadas**

ou confidenciais, comerciais ou particulares, tendo sido regulamentada pelo Decreto nº 50.532, de 3 de maio de 1961. Essa legislação não desce, porém, a detalhes necessários ao disciplinamento da atividade do detetive particular. Várias proposições foram apresentadas no Congresso Nacional, tratando da matéria. Assim, relacionamos, de forma não exaustiva, os PL 1.066/1972, PL 830/75, PL 4.259/77, PL 4.310/77, PL 915/79, PL 6.552/82, PL 8.025/86, PL 8.151/86, PL 298/87, PLC 242/1993, PL 3.441/2000, PL 5.443/2001 e 6.432/2005, tendo a maioria sido arquivada por término de legislatura, algumas com parecer contrário. O PL 3.171/1984 chegou a ser mandado a sanção presidencial, mas foi vetado integralmente.

Na apreciação do PL 6.432/2005 – do qual extraímos alguns subsídios para este projeto, assim como de outros citados –, o Relator da matéria na Comissão de Trabalho, de Administração e Serviço Público (CTASP), Deputado João Campos, justificou seu parecer pela rejeição argumentando que em casos tais **a regulamentação se presta apenas a atender aos interesses da categoria, e não ao interesse do consumidor dos serviços.** Transcrevemos a seguir trecho do parecer, que aborda o entendimento da CTASP acerca da regulamentação de profissões.

Em seguida, deve ser destacado que o tema regulamentação de profissões tem sido amplamente discutido na Comissão de Trabalho, de Administração e Serviço Público – CTASP, o que originou, recentemente, a aprovação do verbete nº 02 de súmula de jurisprudência, que dispõe:

O exercício de profissões subordina-se aos comandos constitucionais dos arts. 5º, inciso XIII, e 170, parágrafo único, que estabelecem o princípio da liberdade de exercício de qualquer trabalho, ofício ou profissão. A regulamentação legislativa só é aceitável se atendidos, cumulativamente, os seguintes requisitos:

a) **que não proponha a reserva de mercado para um segmento em detrimento de outras profissões com formação idêntica ou equivalente;**

b) **que haja a garantia de fiscalização do exercício profissional; e**

c) que se estabeleçam os deveres e as responsabilidades pelo exercício profissional.

Outrossim, caso o projeto de regulamentação seja de iniciativa de membro do Congresso Nacional, a vigência da lei deve ser subordinada à existência de órgão fiscalizador a ser criado por lei de iniciativa do Poder Executivo. (grifamos)

Entendemos que a regulamentação da profissão de investigador particular não preenche os requisitos ali previstos, que passamos a analisar:

a) que não proponha a reserva de mercado para um segmento em detrimento de outras profissões com formação idêntica ou equivalente – regulamentar uma profissão significa relacionar atividades que somente podem ser exercidas pelos indivíduos com determinada formação. Não é o que acontece no presente caso, uma vez que a atividade, além de não exigir formação específica, pode ser desenvolvida por indivíduos com as mais diversas qualificações.
b) que haja a garantia de fiscalização do exercício profissional – apesar de o projeto fazer referência ao órgão disciplinador e ao órgão fiscalizador, inexiste qualquer garantia de efetivo controle e fiscalização do exercício profissional.
c) que se estabeleçam os deveres e as responsabilidades pelo exercício profissional – apesar de o projeto dispor sobre aspectos burocráticos de uma investigação, como a forma de contratação e manutenção de arquivos, não dispõe sobre os deveres e as responsabilidades específicas relacionadas ao exercício da atividade de investigador.

Com efeito, o prejuízo que o investigador pode causar às partes envolvidas, objeto de investigação, é quase inestimável. Não há responsabilização do profissional quanto a esse aspecto, ou a qualquer outro.

Além de a regulamentação da profissão de investigador particular não preencher os requisitos acima mencionados, deve ser lembrado que o simples exercício da atividade pode representar ofensa a direitos fundamentais, em especial os previstos nos incisos X, XI e XII do art. 5º da Constituição Federal.

Tais dispositivos garantem, respectivamente, a inviolabilidade da intimidade, da casa e do sigilo da comunicação.

A mera contratação de um indivíduo para investigar outro não autoriza que a privacidade e a intimidade da pessoa, objeto da investigação, seja desrespeitada.

Entendemos que não há necessidade de outra lei de iniciativa do Poder Executivo para criar o órgão fiscalizador da profissão, razão por que o fizemos neste projeto.

Cuidamos que a iniciativa do Poder Executivo a que se referiu a CTASP só é exigível para as profissões que têm, entre seus quadros, servidores públicos, a teor do disposto no art. 61, § 1º, inciso II, alíneas a, b e c. Cremos que na proposição ora apresentada escoimamos os vícios que a tornariam improsperável, nos termos das considerações supratranscritas. A uma, porque não há reserva de mercado, tão somente o estabelecimento de requisitos básicos para que curiosos não sejam admitidos como profissionais que têm tanta responsabilidade sobre si. A duas, a garantia da fiscalização do exercício profissional foi instituída pela criação do Conselho Federal de Detetives do Brasil e dos Conselhos Regionais, a exemplo de inúmeras outras profissões regulamentadas. A três, porque se estabeleceram no próprio projeto de lei os deveres, direitos e proibições, além das responsabilidades dos detetives particulares.

Propusemos, também, remeter ao regulamento da lei, a ser expedido pelo Poder Executivo, o disciplinamento de várias particularidades referentes aos conselhos, bem como cometemos ao Conselho Federal, assim que instalado, a incumbência de elaborar o estatuto da categoria e o código de ética da profissão.

Com respeito à eventual violação dos direitos fundamentais assegurados constitucionalmente, tratamos de ressalvar as circunstâncias em que tais direitos poderiam ser relativamente violados, segundo o entendimento expendido pelo Pretório Excelso pátrio, no sentido de que o exercício dos direitos fundamentais não podem ser alegados em prejuízo de terceiros e da sociedade. Assim, uma pessoa que esteja cometendo qualquer desvio não tem o direito de alegar pretensos direitos para agredir o próximo ou a comunidade dos cidadãos.

Demais disso, qualquer violação a direito, ainda que relativamente considerado e desde que presente justa causa, isto é, a agressão a outrem, depende de expressa autorização do constituinte, o qual responde solidariamente com o detetive particular por qualquer excesso cometido, inclusive danos materiais e morais.

Noutro passo, o detetive particular está sujeito ao cometimento de diversos crimes contra a administração pública e a administração da Justiça, caso não atue segundo os preceitos legais e éticos, como os de usurpação de função pública (art. 328), tráfico de influência (art. 332), corrupção ativa (art. 333), denunciação caluniosa (art. 339), comunicação falsa de crime ou de contravenção (art. 340), falso testemunho ou falsa perícia (arts. 342 e 343), favorecimento pessoal (art. 348), favorecimento real (arts. 349 e 349-A), exploração de prestígio (art. 357), todos do Código Penal, dentre outros.

Certos de que os ilustres pares concordarão com a importância desta proposição para a atuação consentânea com o direito dessa categoria profissional esquecida, mas atuante e útil à sociedade, esperamos contar com o seu imprescindível apoio para a aprovação do presente projeto.

Solicito que o pronunciamento seja divulgado nos órgãos de comunicação da Casa.

Era o que eu tinha a dizer.

Fonte: Nogueira, 2014, grifo do original.

Em 22 de abril de 2014, o então Deputado Delegado Protógenes Queiroz declarou, em seu voto, a inconstitucionalidade do Projeto de Lei n. 1.211/2011. Confira a seguir, na íntegra, o posicionamento do Deputado Protógenes.

COMISSÃO DE CONSTITUIÇÃO E JUSTIÇA E DE CIDADANIA
PROJETO DE LEI nº 1.211, DE 2011

Dispõe sobre a profissão de detetive particular, cria o Conselho Federal de Detetives do Brasil e os Conselhos Regionais de Detetives e dá providências correlatas.

Autor: Deputado RONALDO NOGUEIRA

Relator: Deputado MARCOS ROGÉRIO

VOTO EM SEPARADO DO DEPUTADO DELEGADO PROTÓGENES

O Projeto de Lei em epígrafe **institui e disciplina as atividades de investigação privada, regulamentando o exercício da profissão de detetive particular.**

Conforme dispõe o Projeto, considera-se detetive particular **o profissional que, habitualmente, por conta própria, na forma de sociedade, como empregado de empresa de prestação de serviços de investigação privada ou na função de investigação orgânica privada e mediante remuneração, privativamente, com conhecimento técnico, planeje e execute investigações de caráter sigiloso, de natureza particular e de finalidade privada, utilizando-se de recursos e meios tecnológicos permitidos, com o objetivo de atender a solicitação de pessoa física ou jurídica, visando a coletar dado, informação, vestígio ou prova, que contribua para a comprovação ou para o esclarecimento de qualquer assunto de interesse do contratante.**

Entre outras disposições, o Projeto estabelece os requisitos para o exercício da profissão de detetive particular e cria o Conselho Federal e os Conselhos Regionais de Detetives do Brasil, estabelecendo sua competência.

O Projeto foi aprovado pela Comissão de Trabalho, Administração e Serviço Público (CTASP), com Substitutivo que retirou todas as referências ao Conselho Federal e os Conselhos Regionais de Detetives do Brasil, em razão do vício de iniciativa em sua criação mediante Projeto de Lei apresentado por Parlamentar.

Nesta Comissão de Constituição e Justiça e de Cidadania (CCJC), a proposição recebeu parecer pela constitucionalidade, juridicidade e técnica legislativa, nos termos do Substitutivo da CTASP.

Sem desconsiderar a importância que os detetives particulares têm na solução de muitos fatos – criminosos ou não –, discordamos do nobre Relator da proposta na CCJC, quanto à constitucionalidade e à juridicidade da matéria.

Sem dúvida, a CTASP laborou bem ao identificar a inconstitucionalidade flagrante que há na criação de órgão da administração pública por Projeto de lei de iniciativa de Parlamentar.

No entanto, ao serem suprimidos os dispositivos que tratavam dos conselhos de fiscalização profissional, restaram no Projeto outros vícios, mais sutis do que o vício de iniciativa, mas, em nosso entender, muito mais graves do que aquele, pois dizem respeito ao próprio exercício da profissão.

Ainda estão vivos na memória de todos os intensos debates que se travaram sobre a Proposta de Emenda à Constituição nº 37, de 2011, a famosa PEC-37, que tratava da competência para investigação criminal pelas polícias federal e civis dos Estados e do Distrito Federal.

A imensa discussão, que dominou não apenas o Parlamento, mas toda a sociedade organizada, referia-se a quem, dentro do aparelho estatal, teria competência para realizar uma investigação criminal. Tratava-se, portanto, de investigação em nome do Estado, dentro dos limites impostos pelo Estado, feita por agentes designados pelo Estado e por ele capacitados.

O que se apresenta, no presente Projeto de Lei, é o oposto. Propõe-se autorizar particulares com **escolaridade de nível médio ou equivalente e formação específica ou profissionalizante, para o exercício da profissão** a coletar dados e informações acerca de suspeitas de cometimento de infração administrativa ou descumprimento contratual; de conduta lesiva à saúde, integridade física ou incolumidade própria ou de terceiro; relacionadas à idoneidade de prepostos e empregados e violação de obrigações trabalhistas; relacionadas às questões familiares, conjugais e de identificação de filiação; de desaparecimento e localização de pessoa ou de animal.

Apesar de tanto o Projeto quanto o Substitutivo referirem-se a condutas não criminais, fica claro que o trabalho do detetive particular situa-se, quase sempre, numa zona limítrofe entre a legalidade e a usurpação de poder. Ambas as proposições – Projeto e Substitutivo – tentam traçar esse limite, mas a impossibilidade de se estabelecer, por iniciativa legislativa, a fiscalização da atividade deixa a cargo de cada detetive a "autorregulação da profissão", o que afronta totalmente as balizas que podemos depreender do texto constitucional no que diz respeito ao poder de investigação.

Essa "autorregulação", além de implicar um sério risco de usurpação do poder de investigação próprio do Estado, tem como também consequência o perigo de desconsideração de fundamentos do nosso Estado Democrático de Direito, em especial a dignidade da pessoa humana, e de direitos e garantias fundamentais inscritos em nossa Constituição, como a intimidade, a vida privada, a honra e a imagem das pessoas.

Diante do exposto, somos pela inconstitucionalidade e pela injuridicidade do Projeto de Lei nº 1.211, de 2011, e do Substitutivo da Comissão de Trabalho, de Administração e de Serviço Público.

Sala da Comissão, em ___ de ____________ de 2014.
Deputado Delegado Protógenes
PCdoB/SP

Fonte: Queiroz, 2014.

Ainda no mês de abril de 2014, foi deliberada a realização de um contato telefônico com o deputado opositor e sua assessoria parlamentar, a fim de que fossem prestados esclarecimentos. Em conjunto a essa medida, foi enviado um ofício, via *e-mail*, aos integrantes da CCJC, no qual a CNPRD explicou a situação real da categoria. Houve até mesmo deslocamento dos integrantes da CNPRD até São Paulo para uma reunião com o assessor do Deputado Protógenes Queiroz, a fim de que fossem esclarecidas as reais intenções da luta dos detetives particulares.

Uma nova votação do projeto de lei foi estabelecida para o dia 6 de maio de 2014, o que não ocorreu por falta de quórum.

Em 11 de junho de 2014, o projeto foi aprovado na CCJC da Câmara dos Deputados, com voto contrário do Deputado Delegado Protégenes, e seguiu para votação no Senado Federal.

Figura 3.3 – Reunião da CNPRD em São Paulo, no dia 11 de junho de 2014

Marcus Vinicius Andrade de Oliveira

Nesse mesmo dia, houve uma reunião entre a CNPRD e diversos detetives de São Paulo, na qual o projeto de lei em questão foi debatido. Por volta das 16 horas, fomos informados de que ele havia sido aprovado na CCJC, notícia que comemoramos, visto que marcava uma nova conquista para a categoria.

3.3 Peregrinação no Senado Federal

No Senado Federal, o texto aprovado na Câmara Federal foi acolhido como Projeto de Lei da Câmara (PLC) n. 106/2014, e encaminhado ao Senador Humberto Costa, relator na Comissão de Assuntos Sociais.

A CNPRD foi ao gabinete do senador para mostrar a união da categoria e o interesse em ter o mais breve possível a profissão regulamentada. Costa afirmou que buscaria agilizar o processo.

O PLC n. 106/2014 tramitou, no Senado Federal, de novembro de 2014 até abril de 2017, quando foi transformado em norma jurídica – Lei n. 13.432, de 11 de abril de 2017 (Brasil, 2017a) – com veto parcial.

Em 25 de maio de 2015, a CNPRD foi recebida pelo então secretário executivo da Secretaria da Micro e Pequena Empresa da Presidência da República. Nosso propósito era solicitar a inclusão da categoria de detetive particular no Programa Microempreendedor Individual (MEI)[3], do Governo Federal. Além de mim, participaram do encontro Rike Vargas e Luiz Gomes.

Na ocasião, foi dito ao então secretário, Dr. José Constantino de Bastos Junior, que milhares de detetives particulares atuam de forma obscura dentro da profissão, quase na clandestinidade, embora mereçam ter seu reconhecimento como profissionais e, consequentemente, recolher sua contribuição para a Previdência Social. Além disso, conforme elucidou o Detetive Luiz Gomes na ocasião, o MEI tornaria mais acessível o ingresso da investigação empresarial no mercado e também permitiria a contratação de detetives particulares por parte do próprio governo (Anadip, 2015).

3 "O MEI [...] é um programa do Governo Federal que possibilita as pessoas que trabalham por conta própria a se legalizarem como empresário individual. Para ser um microempreendedor individual, é necessário faturar no máximo até R$ 60.000,00 por ano e não ter participação em outra empresa como sócio ou titular. [...] Entre as vantagens oferecidas pelo MEI está o registro no Cadastro Nacional de Pessoas Jurídicas (CNPJ), o que facilita a abertura de conta bancária, o pedido de empréstimos e a emissão de notas fiscais" (Anadip, 2015).

Para exemplificar esse último caso, Luiz Gomes destacou a atuação da empresa internacional de investigação privada KROLL – contratada pela própria Câmara dos Deputados –, que atuou no rastreamento e localização de contas bancárias dos envolvidos na Operação Lava-Jato (Anadip, 2015).

Em setembro de 2015, encerrou-se o prazo para os senadores apresentarem emendas ao PLC n. 106/2014. É importante salientar, no entanto, que não foi feita nenhuma proposta nesse período.

No mês seguinte, os detetives do Distrito Federal se reuniram para discutir a regulamentação da profissão em vias de entrar na pauta de votação do Senado Federal, e foram até o gabinete do senador relator para solicitar a agilização no pleito.

Em junho de 2016, os integrantes da CNPRD visitaram Ronaldo Nogueira, que havia sido nomeado Ministro do Trabalho, a fim de parabenizá-lo pelo novo cargo e reafirmar os anseios da categoria pela aprovação do PLC n. 106/2014.

No mês seguinte, a CNPRD foi recebida pelo Secretário Adjunto da Secretaria Geral do Senado Federal para tratar da votação do PLC n. 106/2014. Na oportunidade, os representantes da comissão tomaram conhecimento da existência tanto de documentos de apoio quanto de documentos contrários ao movimento de regulamentação, e determinaram discutir o assunto em reunião da diretoria nacional. O objetivo era definir a posição da entidade diante das opiniões contrárias[4].

Em agosto de 2016, a Comissão se reuniu em Porto Alegre para debater a regulamentação da profissão e acertar os detalhes da viagem a Brasília para reforçar, no Senado Federal, a urgência na votação do PLC n. 106/2014. Novamente, o Ministro Ronaldo Nogueira recebeu os representantes da comissão para conversar sobre a regulamentação da profissão, visto a posição do governo em discutir o assunto no Senado Federal.

4 Nesse sentido, foi salientado que as opiniões contrárias são válidas, mas que as palavras ofensivas contra os integrantes da CNPRD devem ser repudiadas.

Nessa época, foi notícia na grande imprensa a questão do estabelecimento de critérios para as regulamentações profissionais, conforme é possível conferir no excerto a seguir:

> Entre 2008 e 2015, foram 15 mensagens de veto total [da Presidência da República] a proposições desse tipo, além do veto parcial do chamado "Ato Médico", sobre o exercício da medicina. Existem ainda 87 proposições semelhantes, ou que aprimoram leis que regulam atividades profissionais, aguardando análise da Casa.
> Para evitar o trabalho em vão dos parlamentares e a criação de falsas expectativas nos trabalhadores, os integrantes da CAS decidiram suspender a análise das propostas com esse intuito até obter, dos próprios ministros, os critérios para a redação dessas leis. (Senado Federal, 2016)

Em novembro de 2016, a Comissão organizou uma reunião em Porto Alegre com o detetive Walmir Battu, presidente do Conselho de Detetives do Brasil (CDB) – umas das entidades privadas mais antigas do país. Diversos assuntos foram tratados nesse encontro, como a possível aprovação do PLC n. 106/2014, a estruturação educacional da nova categoria de investigação privada no Brasil e a criação do regimento interno da categoria – tarefa atribuída ao Grupo Técnico Normativo da CNPRD. Como não foi aprovado um órgão fiscalizador da categoria pelo Estado, foi definido que as entidades existentes e as que ainda se formarão serão responsáveis pelos seus associados perante a sociedade e o Estado.

Grupo Técnico Normativo

O Grupo Técnico Normativo da CNPRD foi criado em 24 de fevereiro de 2016, em caráter voluntário, tendo como objetivo a criação de um modelo de estatuto, do regimento interno e do código de ética da categoria, assim como o levantamento de toda a legislação e das normas existentes no Brasil referentes à profissão de detetive particular.

Como os integrantes eram provenientes de diversos estados brasileiros, o grupo se reunia virtualmente para debater e aglutinar as sugestões recebidas para atingir o objetivo proposto.

Mesmo com precariedade – em razão das atribuições pessoais de seus integrantes –, o Grupo Técnico Normativo atingiu seu propósito de criar os documentos citados, o que demandou levantamento de toda legislação existente no Brasil referente à categoria.

Figura 3.4 – Integrantes do Grupo Técnico Normativo

Detetive Ábacus

Detetive
Raul Ábacus

André Luis da Silva

Detetive
André Luis

Socorro do Amaral

Detetive
Socorro do Amaral

Josué Casemiro De Oliveira

Detetive
Josué de Oliveira

Clóvis Vieira de Aquino

Detetive
Clóvis Aquino

Em fevereiro de 2017, o CNPRD encaminhou ofício ao Presidente do Senado Federal, Eunício Oliveira, a fim de pleitear a agilização da votação do PLC n. 106/2014. No mês seguinte, o Presidente Eunício Oliveira recebeu o Ministro Ronaldo Nogueira e os representantes do CNPRD, comprometendo-se a colocar em pauta o PLC n. 106/2014 – o que aconteceu em 15 de março de 2017.

Figura 3.5 – Ministro do Trabalho e membros do CNPRD em reunião sobre o PLC n. 106/2014

Marcos Brandão/Senado Federal

Da esquerda para a direita: João Neto (assessor do Ministro Nogueira), Senador Elmano Ferrer, Willis Taranger (chefe de gabinete do Ministro Nogueira), Detetive Itacir Flores (presidente da CNPRD), Ministro Ronaldo Nogueira, Senador Eunício Oliveira, Detetive Décio Freitas, Detetive Auricélio Garcia, Detetive Edison Arnold.

A agenda foi cumprida e o PLC n. 106/2014, aprovado pelo Senado Federal e encaminhado à Presidência da República para sanção.

Transformado na Lei n. 13.432, de 11 de abril de 2017 (Brasil, 2017a), o projeto de lei foi sancionado com uma série de vetos. A lei em questão, que ficou conhecida como **Lei do Detetive Particular**, foi publicada no dia seguinte, no *Diário Oficial da União*, conforme ilustra a Figura 3.6.

Figura 3.6 – Publicação da Lei dos Detetives Particulares

ISSN 1677-7042

DIÁRIO OFICIAL DA UNIÃO

República Federativa do Brasil - Imprensa Nacional

Em circulação desde 1º de outubro de 1862

Ano CLIV Nº 71

Brasília - DF, quarta-feira, 12 de abril de 2017

SEÇÃO 1

Sumário

Atos do Poder Legislativo

LEI Nº 13.432, DE 11 DE ABRIL DE 2017

O PRESIDENTE DA REPÚBLICA

TABELA DE PREÇOS DE JORNAIS AVULSOS

Atos do Poder Executivo

RETIFICAÇÃO

DECRETO DE 7 DE MARÇO DE 2017

Fonte: Brasil, 2017a.

No capítulo a seguir, esmiuçaremos o conteúdo da Lei do Detetive Particular, evidenciando as partes de sua redação que foram vetadas. Antes disso, no entanto, explicaremos como foi o Primeiro Congresso Nacional dos Detetives – realizado um mês antes da aprovação da lei –, no qual se discutiu os rumos da regulamentação da profissão.

4

O Primeiro Congresso Nacional dos Detetives Particulares e a aprovação da Lei do Detetive Particular

Em meados de janeiro de 2017, em uma reunião dos componentes da Comissão Nacional Pró-Regulamentação da Profissão de Detetive (CNPRD), surgiu a ideia de realizar um encontro da categoria para aglutinar novas posições e direcionamentos a serem tomados, pois ainda não se tinha a possibilidade de aprovação do Projeto de Lei Complementar (PLC) n. 106/2014 (Brasil, 2014), que dispõe sobre o exercício da profissão de detetive particular, pelo Senado Federal.

Depois de a questão ser debatida por representantes da categoria, decidiu-se promover o congresso em Brasília, no dia 22 de março de 2017. Para a organização do evento, foi nomeada uma comissão, composta pelos detetives Décio Freitas, de São Paulo, Auricélio Garcia, do Distrito Federal – eleitos presidente e vice-presidente da comissão –, Robson Jorge e Jaqueline Morais, ambos da capital paulista. O detetive Garcia pleiteou a cedência da Câmara Legislativa do Distrito Federal para a realização do evento, o que foi autorizado pela mesa diretora, a pedido do Deputado distrital Agaciel Maia, sem ônus. Como não havia verba para custear as despesas necessárias, 20 colegas detetives – que estão engajados nessa luta há muito tempo – contribuíram financeiramente para viabilizar o evento.

O evento contou com a presença de mais de 100 participantes de todo Brasil, que se deslocaram de suas cidades para apoiar a luta da categoria e debater sobre a profissão.

Compuseram a mesa de abertura o então Ministro do Trabalho Ronaldo Nogueira, o Senador Humberto Costa, a Deputada Federal Flávia Morais, o representante da Federação Peruana de Detetives Juan Manuel Ferrecio Rodriguez e o assessor especial da Presidência da República Tadeu Felipeli.

Figura 4.1 – Integrantes da mesa do I Congresso Nacional dos Detetives do Brasil

Marcus Vinícius Andrade de Oliveira

Da esquerda para a direita: Tadeu Filippelli, Deputada Federal Flávia Morais, Ronaldo Nogueira, Itacir Flores (presidente da CNPRD), Senador Humberto Costa, Juan Manuel Ferrecio Rodriguez e Deputado Distrital Agaciel Maia.

Antes do início das palestras, foi prestada uma homenagem póstuma a alguns detetives particulares que marcaram história no Brasil.

A palestra inicial ficou a cargo do então Ministro do Trabalho Ronaldo Nogueira, intitulada "A importância da profissão regulamentada no contexto trabalhista brasileiro". Conforme salientou, a aprovação do PLC n. 106/2014, no dia 15 de março de 2017, finalmente regulamentou a profissão de detetive particular, existente no Brasil desde o Império. Assim, a luta, iniciada em 2011, passou a depender apenas da sanção presidencial.

Ministro destaca importância da regulamentação da profissão de detetive

Ronaldo Nogueira foi homenageado no Congresso Nacional de Detetives, que celebra a regulamentação aprovada no Senado, a partir de projeto de autoria do ministro

[...]

Homenageado no congresso, o ministro lembrou que os esforços pela regulamentação começaram em 2011 e que agora, com a aprovação do projeto pelo Senado, falta a sanção presidencial. Ele explicou que esse reconhecimento é fundamental para o fortalecimento e o aprimoramento da profissão, mas acrescentou que o trabalho da categoria deve continuar, com a organização de sindicatos nos estados para o fortalecimento e a união dos detetives como categoria.

Uma das medidas que precisam ser adotadas, segundo Ronaldo Nogueira, é a criação de uma escola de formação reconhecida por uma Federação dos Detetives. Essa escola será responsável pela entrega dos distintivos e pelo "carimbo" que provará a seriedade e a capacitação do profissional.

Salientando a importância da profissão, o ministro apontou os benefícios que a regulamentação trará para a sociedade. "A iniciativa privada e o cidadão têm o direito de ter um meio de investigação particular, para dar segurança no que diz respeito à vida privada", disse.

Atividades – A estimativa é de que existem cerca de 50 mil detetives particulares no Brasil, mas esse número pode ser maior – e a regulamentação deve ajudar a definir melhor essa situação. Pelo projeto de regulamentação, o detetive particular é o profissional que planeja e executa a coleta de dados e informações de natureza não criminal, utilizando recursos e meios tecnológicos permitidos, para esclarecer assuntos de interesse privado do contratante.

Com a regulamentação, o detetive particular poderá atuar em investigações de casos familiares, conjugais, de quebra de contrato, de desaparecimento e localização de pessoas ou animais, além de apurar questões de idoneidade de empregados e violação de obrigações trabalhistas, entre outros tipos de atividades. No entanto, a qualquer momento, se perceber que um crime está sendo cometido, o detetive deverá comunicar à polícia. O texto também permite que o detetive participe de investigações policiais em outros casos, se isso for permitido pelo delegado que dirige o inquérito.

Requisitos – A regulamentação também impõe requisitos para a profissão de detetive particular, a começar pela escolaridade de nível médio. Também haverá curso de formação, de no mínimo 600 horas de duração, incluindo no currículo matérias de Direito Constitucional, Direitos Humanos, Direito Penal, Direito Processual Penal, e Direito Civil. E só poderá ter registro profissional a pessoa que estiver de posse dos direitos civis e políticos e não tiver condenação penal.

"A descrição de detetive particular na CBO (**Classificação Brasileira de Ocupações**) era muito genérica, porque estava incluída em uma relação que continha também profissionais como detetives de polícia e papiloscopistas. Com a regulamentação, o detetive particular passa a ter uma descrição detalhada e clara do que pode e do que deve fazer esse profissional", comentou Ronaldo Nogueira.

O ministro explica que, agora, deverá ser criado um Código de Ética. Os detetives particulares também poderão candidatar-se a cargos específicos em empresas públicas e particulares que exigem a documentação profissional adequada. "Isso será positivo tanto para os profissionais sérios quanto para as pessoas que buscam o serviço de detetive particular", explicou.

Fonte: Brasil, 2017c, grifo do original.

Humberto Costa, relator do PLC n. 106/2014 no Senado Federal, discursou sobre a importância da regulamentação de profissões de interesse do Estado, principalmente nas áreas de segurança, saúde e educação. Na sequência, Flávia Morais palestrou sobre a urgência de se regulamentar profissões importantes para a sociedade brasileira, salientando qual o papel do Poder Legislativo nesse cenário.

O Deputado Federal Marcos Rogério, que sempre apoiou a categoria, não pôde se fazer presente por motivos de agenda, assim como os deputados federais Farias de Sá e Eduardo Cury.

Humberto Costa, relator do PLC n. 106/2014 no Senado Federal, discursou sobre a importância da regulamentação de profissões de interesse do Estado, principalmente nas áreas de segurança, saúde e educação.

Minha palestra, que ocorreu no período da tarde, versou sobre os termos da lei aprovada no Senado Federal e suas implicações sobre a profissão, visto que ela ainda dependia da sanção presidencial.

O restante do dia foi dedicado aos debates e esclarecimentos sobre o PLC n. 106/2014. Para isso, foi aberta uma tribuna livre, por meio da qual os participantes puderam levantar alguns questionamentos.

O primeiro congresso, conforme é possível perceber, marcou sete anos de luta pelo reconhecimento da profissão de detetive particular, que resultaram na união da categoria de uma forma nunca antes vista. Toda essa trajetória resultou na criação da Lei n. 13.432, conhecida como *Lei do Detetive Particular*, sancionada em 11 de abril de 2017 (Brasil, 2017a), conforme elucida a seção a seguir.

4.1 A Lei do Detetive Particular e os rumos da profissão

A Lei n. 13.432/2017, apesar dos vetos presidenciais, representou o reconhecimento da categoria dos detetives particulares. A seguir, analisaremos cada um desses vetos, iniciados já em seu artigo primeiro.

Na redação original, o art. 1º determinava o seguinte: "Art. 1º Esta Lei regulamenta o exercício da profissão de detetive particular, disciplinando as atividades de coleta de dados ou informações de interesse privado" (Brasil, 2017b).

O veto foi justificado da seguinte maneira:

> **Razões do veto**
> O veto ao dispositivo afasta o teor de regulamentação da profissão, mantendo-se nas demais partes sancionadas o reconhecimento da mesma e a regulação dos contratos advindos de seu exercício. Ademais, evita-se o cerceamento do exercício das atividades mencionadas no dispositivo por outros profissionais que executem funções similares, preservando-se o direito constitucional ao livre exercício profissional. (Brasil, 2017, grifo do original)

Assim, o que deveria ser um regulamento, tornou-se apenas um reconhecimento da profissão de detetive particular. Isso não acarretou mudanças para a profissão, visto que ela já era reconhecida na Classificação Brasileira de Ocupações.

É válido ressaltar que esse reconhecimento sequer poderia ser negado, visto que a Constituição Federal de 1988, em seu art. 5º, inciso XIII, determina como direito fundamental a liberdade do "exercício de qualquer trabalho, ofício ou profissão, [desde que] atendidas as qualificações profissionais que a lei estabelecer" (Brasil, 1988). Além disso, o inciso XIV do mesmo artigo preceitua que "é assegurado a todos o acesso à informação, resguardado o sigilo da fonte, quando necessário ao exercício profissional" (Brasil, 1988).

Ainda assim, a criação da lei, mesmo com o veto do art 1º, foi positiva por chamar a atenção da sociedade para a luta da categoria.

No entendimento de Marcelo Ricardo Colaço, contudo:

> O novel diploma teve acertadamente seu artigo vestibular vetado, pois pretendia ser um regulamento geral da investigação privada, fato que poderia afastar qualquer outra maneira de se buscar, de forma legal e no âmbito privado, informações que não respeitassem tais diretrizes, configurando-se, consequentemente, em direcionamento na contratação compulsória de um detetive particular, caso se quisesse buscar alguma informação investigativa que não fosse realizada por agentes estatais. (Colaço, 2017)

Conforme é possível perceber, Colaço (2017) concorda que o veto ao dispositivo ora comentado foi acertado, na medida em que evitou a obrigatoriedade na contratação de investigação privada para obtenção de informações que não exigissem isso.

É relevante destacar que, como a chamada ***Lei dos Detetives Particulares*** não revogou disposições anteriores, permaneceram vigentes a Lei n. 3.099, de 24 de fevereiro de 1957 (Brasil, 1957), e o Decreto n. 50.532, de 3 de maio de 1961 (Brasil, 1961) (Masi, 2017).

A Lei n. 3.099/1957 determina as condições para o funcionamento de informações reservadas ou confidenciais, comerciais ou particulares, em seis artigos com o seguinte teor:

> Art. 1º Os estabelecimentos de informações reservadas ou confidenciais, comerciais ou particulares, só poderão funcionar depois de registrados nas Juntas Comerciais dos seus Estados ou Territórios, com observância de todas as formalidades legais.

> Art. 2º As informações serão sempre prestadas por escrito em papel que contenha impressos o nome do estabelecimento, o da sociedade e, por extenso, o de um gerente ou diretor, pelo menos.
> Art. 3º A observância das disposições contidas nesta lei não exime os interessados do cumprimento de quaisquer outras exigências legais.
> Art. 4º Os estabelecimentos, já em funcionamento, terão o prazo improrrogável de 90 (noventa) dias para regularizar sua situação.
> Art. 5º Os estabelecimentos autorizados a funcionar fornecerão à Polícia (à Superintendência da Ordem Política e Social e à Chefia do Departamento de Investigações, onde existirem), todas as informações que lhes forem solicitadas.
> Art. 6º Revogam-se as disposições em contrário. (Brasil, 1957)

Na prática, a referida lei regula as empresas, dispondo sobre o registro delas nas Juntas Comerciais e sobre a obrigatoriedade de elas fornecerem à polícia todas as informações porventura solicitadas.

O Decreto n. 50.532/1961, por sua vez, dispõe sobre o funcionamento das empresas abordadas na Lei n. 3.099/1957:

> Art. 1º As empresas de informações reservadas ou confidenciais, comerciais ou particulares, de que trata a Lei nº 3.099, de 24 de fevereiro de 1957, de propriedade de pessoas físicas ou jurídicas, só poderão funcionar depois de registradas ao Registro do Comércio e na Repartição Policial do local em que operem.
> **Parágrafo único**. No Distrito Federal, o registro policial, sempre a título precário, será feito na Divisão de Polícia Política e Social do Departamento Federal de Segurança Pública e, nos Estados e Territórios, em Repartições congêneres das Secretarias ou Departamentos de Segurança Pública.
> Art. 2º Para obtenção de registro policial apresentarão as empresas os seguintes documentos:
> a) certidão do registro comercial, contendo o inteiro teor da declaração da firma, ou contrato social;

b) folha corrida e atestado de bons antecedentes dos dirigentes da empresa e dos seus auxiliares, a qualquer título, que trabalhem nas investigações.

Parágrafo único. Qualquer modificação do registro comercial, bem como a admissão ou dispensa de auxiliares, devem ser comunicadas, no prazo de 48 horas, à Repartição a que se refere o parágrafo único do artigo anterior.

Art. 3º É vedada às empresas de que trata o presente regulamento a prática de quaisquer atos ou serviços estranhos à sua finalidade e os que são privativos das autoridades policiais, e deverão exercer sua atividade abstendo-se de atentar contra a inviolabilidade ou recato dos lares, a vida privada ou a boa fama das pessoas.

Art. 4º As informações serão sempre prestadas por escrito, em papel que contenha impresso o nome da empresa e, por extenso, o de um gerente ou diretor, pelo menos.

Art. 5º Cumpre às empresas fornecer às autoridades policiais cópias das informações fornecidas aos seus clientes e que lhes forem requisitadas, prestando, também as informações por elas solicitadas.

Art. 6º As empresas que já se encontram em funcionamento terão o prazo de noventa dias, a contar da publicação deste decreto, para satisfazer as suas exigências.

Art. 7º A inobservância do presente decreto sujeita as empresas à pena de suspensão de funcionamento, de um a seis meses, imposta pelo dirigente da Repartição a que se refere o parágrafo único do art. 1º.

Art. 8º Mediante representação das autoridades federais ou estaduais, poderá o Ministro da Justiça e Negócios Interiores cassar a autorização de funcionamento das empresas a que se refere este decreto.

Art. 9º Este decreto entrará em vigor na data de sua publicação, revogadas as disposições em contrário. (Brasil, 1961, grifo do original)

Como é possível perceber, o decreto em questão já proibia o exercício, por parte de civis, de atividades próprias das autoridades policiais, bem como determinava que as empresas de investigação privada deveriam "exercer sua atividade abstendo-se de atentar contra a inviolabilidade ou recato dos lares, a vida privada ou a boa fama das pessoas". O decreto também dispunha sobre o registro de empresas nas Juntas Comerciais e nas Repartições Policiais, sujeitando-as à suspensão de seu funcionamento, de um a seis meses, se descumpridas suas disposições.

Retomando a Lei dos Detetives Particulares, no *caput* do art. 2° a profissão é definida nos seguintes termos:

> Art. 2° Para os fins desta Lei, considera-se detetive particular o profissional que, habitualmente, por conta própria ou na forma de sociedade civil ou empresarial, planeje e execute coleta de dados e informações de natureza não criminal, com conhecimento técnico e utilizando recursos e meios tecnológicos permitidos, visando ao esclarecimento de assuntos de interesse privado do contratante.
> § 1° Consideram-se sinônimas, para efeito desta Lei, as expressões "detetive particular", "detetive profissional" e outras que tenham ou venham a ter o mesmo objeto. (Brasil, 2017a)

O artigo em questão define quem é considerado detetive particular nos termos da lei e delimita genericamente sua atuação, bem como estabelece expressões sinônimas que identificam esse profissional.

Já o parágrafo segundo do mesmo artigo – "§ 2° O exercício da atividade de detetive particular, para fins de recolhimento de contribuições previdenciárias, será considerado profissão liberal, exceto se na condição de empregado" (Brasil, 2017b) – foi vetado pelo Ministério da Fazenda sob o seguinte argumento:

> **Razão do veto**
> O dispositivo abriga uma inadequação técnica, na medida em que a legislação previdenciária não contempla o conceito ali disposto, elencando as categorias de empregado, empregado doméstico, contribuinte individual, trabalhador avulso ou segurado especial. (Brasil, 2017b, grifo do original)

Obviamente, durante a tramitação do projeto na Câmara dos Deputados e no Senado Federal, a alegada "inadequação técnica" poderia – ou deveria – ter sido corrigida ou ajustada.

Também o art. 3° foi alvo de veto, só que por iniciativa do Ministério da Justiça e Segurança Pública e da Advocacia-Geral da União. Em sua redação original, o artigo estabelecia:

> Art. 3° Para o exercício da profissão de detetive particular, exige-se dos interessados a comprovação dos seguintes requisitos:
> I – capacidade civil e penal;
> II – escolaridade de nível médio ou equivalente;
> III – formação específica ou profissionalizante para o exercício da profissão;
> IV – gozo dos direitos civis e políticos;
> V – não possuir condenação penal.
> § 1° O curso de formação profissional de atividade de coleta de dados e informações de interesse privado, equivalente ao nível médio, terá o currículo estabelecido pelo Conselho Nacional de Educação e carga horária de, no mínimo, 600 (seiscentas) horas.
> § 2° O currículo a ser estabelecido na forma do § 1° deste artigo deverá incluir, entre outros, conhecimentos de Direito Constitucional, Direitos Humanos, Direito Penal, Direito Processual Penal e Direito Civil. (Brasil, 2017b)

De acordo com o Ministério da Justiça e Segurança Pública e a Advocacia-Geral da União, as razões para o veto são as seguintes:

> **Razões do veto**
> Ao impor habilitação em curso específico e outros requisitos, o artigo impede o livre exercício da atividade por profissionais de outras áreas, bem como pelos atuais profissionais que não possuam essa habilitação, sem que se caracterize potencial dano social decorrente, violando o art. 5°, inciso XIII da Constituição. Além disso, fere o princípio da presunção de inocência, consagrado no inciso LVII do citado artigo constitucional. (Brasil, 2017b, grifo do original)

Analisando os vetos da Lei dos Detetives Particulares, Marcelo Carneiro de Souza (2017) sustenta que eles foram acertados, principalmente o do art. 3º da referida lei, cujo veto foi apoiado pela Associação Nacional dos Detetives e Investigadores Privados do Brasil, visto que preservou o direito adquirido dos profissionais em atuação.

Conforme esclarece Oliveira (2013a), na França, não existe escola oficial de formação profissional nem de homologação de aprendizagem para detetives – fato lamentável, segundo ele. As únicas exigências feitas pelo país são: "ser de nacionalidade francesa e não ter sofrido nenhuma condenação" (Oliveira, 2013a).

Por outro lado, convém observar que a inclusão do dispositivo na Lei n. 13.432/2017 (Brasil, 2017a) objetivava nivelar a capacitação dos detetives particulares no Brasil, algo plenamente justificável quando se observa que, na pesquisa apresentada no Capítulo 2, os profissionais que exercem esse ofício têm nível de instrução que vai do primeiro grau incompleto ao doutorado. Ademais, diversas profissões no Brasil exigem, pelo menos, formação de nível médio.

Ainda assim, conforme elucida Gieseler (2018), mesmo vetada, a disposição repercutiu positivamente, tanto que houve o lançamento de um curso de Tecnólogo de Investigação Profissional – com *status*, portanto, de curso superior – com carga horária de 1.824 horas, a ser cumprida em dois anos, e mensalidade acessível, inferior a R$ 400,00.

Assim, a maior crítica à lei, na verdade, foi a falta de previsão das condições para o reconhecimento daqueles que já atuavam como detetives na data de sua aprovação. Não há justificativa para essa falha, mas é pertinente deixar claro que essas condições foram estabelecidas, mas provavelmente perderam-se nas diversas transcrições do pré-projeto.

A maior crítica à lei foi a falta de previsão das condições para o reconhecimento daqueles que já atuavam como detetives na data de sua aprovação.

Igualmente, foi vetado o art. 4º, que, originalmente, disciplinava o seguinte:

Art. 4º O detetive particular pode realizar coleta de dados e de informações ou pesquisa científica acerca de suspeitas ou situações:
I – de cometimento de infração administrativa ou descumprimento contratual;
II – de conduta lesiva à saúde, integridade física ou incolumidade própria ou de terceiro, por parte de ou contra pessoa que tenha vínculo afetivo ou profissional com o contratante;
III – relacionadas à idoneidade de prepostos e empregados e à violação de obrigações trabalhistas;
IV – relacionadas a questões familiares, conjugais e de identificação de filiação;
V – de desaparecimento e localização de pessoa ou de animal.
§ 1º É vedado ao detetive particular prosseguir na coleta de dados e informações de interesse privado se vislumbrar indício de cometimento de infração penal, cabendo-lhe comunicá-lo ao delegado de polícia.
§ 2º Se a infração penal estiver sendo cometida ou for de natureza permanente, colocando em risco a incolumidade física de pessoa, o detetive particular deve comunicar o fato ao delegado de polícia.

Razões do veto
A redação do artigo apresenta inadequação, ao não explicitar o caráter exaustivo ou exemplificativo do rol de atividades, bem como ao não aclarar se o mesmo contempla atividades privativas ou compartilháveis com outros profissionais, gerando insegurança jurídica. Além disso, o parágrafo primeiro poderia redundar no efeito prático de inviabilizar o próprio exercício da atividade que se busca reconhecer, posto que é justamente o indício ali mencionado o mote para a contratação, em grande parte das situações, do profissional detetive, inclusive dentre as arroladas nos incisos do **caput** desse mesmo artigo. Por extensão, impõe-se o veto ao parágrafo segundo. (Brasil, 2017b, grifo do original)

Também nesse caso, a referida inadequação poderia ter sido corrigida ou ajustada, se previamente identificado o caráter exemplificativo ou exaustivo do rol de atividades cobertas por esse dispositivo.

Esses foram os artigos vetados da Lei do Detetive Particular. Conforme visto anteriormente, dos art. 1º ao 4º, apenas o art. 2º não foi vetado (com exceção de seu parágrafo segundo). A seguir, trataremos dos demais artigos não vetados da lei em questão.

O art. 5º trata da colaboração do detetive particular em investigação policial em curso, se for do interesse do contratante:

> Art. 5º O detetive particular pode colaborar com investigação policial em curso, desde que expressamente autorizado pelo contratante.
> Parágrafo único. O aceite da colaboração ficará a critério do delegado de polícia, que poderá admiti-la ou rejeitá-la a qualquer tempo. (Brasil, 2017a)

Contudo, conforme é possível observar no parágrafo único do artigo analisado, a colaboração do detetive depende da concordância do delegado de polícia. Essa disposição legal não representou novidade, visto que, no Brasil, o investigador privado nunca pôde participar de investigação policial. De acordo com o parágrafo único, isso só ocorrerá se o delegado de polícia autorizar a participação, algo que é bastante improvável, tendo em vista o legado cultural nacional[1].

É importante ressaltar que a Constituição Federal (Brasil, 1988) – art. 144, parágrafo primeiro, incisos I e IV, e parágrafo 4º – determina que as funções de polícia judiciária investigativa, típicas do Estado, são essenciais à consecução da justiça. Essa atividade é de competência das polícias civis, no âmbito estadual, e da Polícia Federal, no âmbito da União, sendo indelegável e indisponível.

---

1 No Brasil, só a polícia civil e a judiciária atuam em investigações. Diferentemente de outros países, em que a polícia atua de acordo com ordens do Ministério Público, no Brasil não há essa atuação. Ainda assim, no passado, houve casos em que detetives particulares atuaram na solução de crimes.

Na opinião de Colaço (2017), o artigo limitou a atuação do detetive particular "de forma apropriada ao não abarcar matérias de âmbito criminal, conferindo-lhe ainda requisitos e apontando os meios para sua execução".

Carlo Velho Masi (2017), que defende o direito da vítima ou do suspeito de produzir prova com imperatividade, considera, nesse âmbito, a atuação do detetive particular fundamental. O autor observa que a lei comentada "suscita, pois, o debate sobre a (im)possibilidade de 'investigação' ou 'apuração' privada de natureza criminal" (Masi, 2017). De acordo com o autor, isso impediu novamente o avanço da definição das funções da profissão, além de, de certa forma, privar o cidadão do direito à investigação particular.

Ainda sobre o art. 5º da Lei do Detetive Particular, Masi (2017, grifo do original) destaca a seguinte questão:

> a nova lei permite que o detetive particular "colabore" com a investigação policial em curso, desde que conte com a autorização do "contratante" (o que é válido também para a vítima – pessoa física ou jurídica –, que no curso do processo poderá habilitar-se como assistente da acusação).
>
> O detetive deve se habilitar nos autos e fica ao critério da autoridade delimitar suas atividades colaborativas, que só podem ser exercidas enquanto vigente seu contrato.
>
> Mais uma vez, entretanto, a limitação autoritária permanece hígida, pois, segundo o parágrafo único do artigo 5º desta lei, "O aceite da colaboração ficará **a critério do delegado de polícia, que poderá admiti-la ou rejeitá-la a qualquer tempo**".
>
> Assim, o ranço inquisitório inviabiliza que indícios oportunos venham aos autos da investigação e influenciem na decisão sobre o oferecimento ou não da acusação.

Conforme é possível perceber, perpetuou-se a situação preexistente de impedir que o detetive particular venha integrar a investigação, exceto com a anuência do contratante e a autorização da autoridade policial.

De acordo com Eduardo Luiz Santos Cabette (2017), mesmo que não esteja claramente expresso na Lei n. 13.432/2017, é possível supor "que o Detetive Particular poderá também atuar em Investigações Criminais levadas a efeito diretamente pelo Ministério Público". Para justificar essa interpretação, o autor explica que a expressão *investigação criminal*, utilizada no *caput* do art. 5º, é mais ampla do que *inquérito policial*, que restringiria a colaboração do detetive à vontade do delegado de polícia. Por isso, Cabette (2017) defende que o detetive particular "poderá atuar em Procedimentos Investigatórios Criminais (PIC) do Ministério Público, desde que satisfazendo os mesmos requisitos da [...] [lei em questão] e dentro dos limites legais balizados".

É importante observar que o Brasil segue na contramão de inúmeros países, nos quais o detetive particular é um importante aliado na investigação criminal. Nos Estados Unidos da América, por exemplo,

> quase todo setor governamental emprega detetive profissionais e essa profissão está entre as mais bem pagas do serviço civil. No Departamento de Justiça, cujas atribuições são principalmente criminais, investigadores civis são largamente utilizados. O Quartel General da Armada e o Departamento de Defesa têm um verdadeiro estado-maior desses profissionais. [...]
> Comissões de serviço civil usam detetives, nos Estados Unidos, para apurar aplicação de verbas. Autoridades estaduais encarregam detetives de investigarem a aplicação das leis anti-álcool e aplicação das licenças. (Oliveira, 2013a)

Além desses casos, conforme esclarece Oliveira (2013a), os detetives particulares, nos Estados Unidos, também atuam em hospitais, casas de repouso, conselho de assessores, organizações semigovernamentais, comissões de legislativos estaduais e até mesmo no Estado-Maior das Nações Unidas.

Para exemplificar como a profissão de detetive particular é desenvolvida na Europa, Oliveira (2013a) cita o caso da França – mencionado anteriormente. Para isso, o autor se fundamenta em um artigo de Roger Borniche, intitulado "Pequeno manual do detetive particular na França":

> Em inúmeros casos um indivíduo só pode contar consigo mesmo para conseguir as provas que necessita. Não dispõe de tempo nem de meios. Pessoalmente não pode agir porque seria reconhecido e porque, sem conhecimento jurídico, se arriscaria a cometer erros e faltas prejudiciais. Ele dá, portanto, procuração a um detetive particular. Segundo define o Código Civil Francês, o detetive particular é um procurador. Suas qualificações para realizar investigações satisfatoriamente permitem-nos defini-lo como um "mandatário em busca de provas". (Borniche, citado por Oliveira, 2013a)

De acordo com Oliveira (2013a), na França, há um decreto, de 1959, que classifica a função profissional do detetive particular como auxiliar à justiça, haja vista que "ele busca provas, fornece um relatório ao seu cliente, dá seu testemunho, verbal ou escrito, aos magistrados, coopera com um oficial de Justiça ou um comissário de Polícia, e procura um devedor ou descobre bens que devem ser apreendidos ou que foram desviados, depois de um confisco" (Oliveira, 2013a).

Marcelo Carneiro de Souza (2017), por outro lado, argumenta que a afirmação de que, no Brasil, o detetive particular não pode, de fato, participar da investigação criminal ou da coleta de indícios é errônea, fundamentando seu argumento em casos em que o detetive não precisa de autorização de delegado para atuar. Esses casos exemplificados, no entanto, caracterizam investigações policiais que não estão em curso, como:

> - Procedimentos e processos arquivados, os quais precisam da coleta de fatos novos para serem reabertos;
> - Com base no Art. 27 do CPP [Código de Processo Penal], com indícios ou provas provocar a iniciativa do MP [Ministério Público];
> - Processos criminais (judicializados), onde o advogado de defesa ou o assistente de acusação necessitam de elementos para instruir o feito com maior robustez; dentre outros exemplos. (Souza, 2017)

Masi (2017), por sua vez, argumenta que:

> O detetive não tem os mesmos poderes de um policial e, portanto, pode responder por diversos ilícitos penais, caso pratique atos privativos da polícia, a começar pela usurpação de função pública (artigo 328 do CP[2]), e eventualmente violação de domicílio (artigo 150 do CP), lesão corporal (artigo 129 do CP), interceptação telefônica clandestina (artigo 10 da Lei 9.296/96), perturbação da tranquilidade (artigo 65 da LCP[3]) etc.
>
> Outrossim, o detetive que obstruir a investigação policial por meio de inovação artificiosa do estado de lugar, coisa ou pessoa, pratica o crime de fraude processual (artigo 347 do CP).
>
> Em nenhuma destas hipóteses está presente a justificante do exercício regular de direito (art. 23, III, do CP).

É relevante observar que os posicionamentos de Souza (2017) e Masi (2017) são válidos, mas, como é de praxe no direito brasileiro, a extensão da atuação do detetive particular será determinada pelos tribunais.

O art. 6º da Lei n. 13.432/2017, por sua vez, estabelece que: "Em razão da natureza reservada de suas atividades, o detetive particular, no desempenho da profissão, deve agir com técnica, legalidade, honestidade, discrição, zelo e apreço pela verdade" (Brasil, 2017a). Isso quer dizer, como bem lembra Jeferson Botelho Pereira (2017), que no exercício de sua atividade, o detetive deve cumprir alguns requisitos éticos, como manter o **sigilo profissional**. A quebra de sigilo profissional consiste em "revelar [a] alguém, sem justa causa, segredo de que tem ciência em razão de função, ministério, ofício ou profissão, e cuja revelação possa produzir dano a outrem, que prevê pena de detenção, de três meses a um ano, ou multa" (Pereira, 2017). De acordo com o autor, essa quebra de sigilo se enquadra no art. 154 do Código Penal[4], caracterizando **crime de violação de segredo profissional**.

2 Código penal.

3 Lei de Contravenções Penais.

4 Decreto-Lei n. 2.848, de 7 de dezembro de 1940 (Brasil, 1940).

O art. 7º, por sua vez, trata da obrigatoriedade de contrato escrito para a prestação de serviços, ao passo que o artigo seguinte regulamenta o conteúdo obrigatório desse documento contratual:

> Art. 8º O contrato de prestação de serviços do detetive particular conterá:
> I – qualificação completa das partes contratantes;
> II – prazo de vigência;
> III – natureza do serviço;
> IV – relação de documentos e dados fornecidos pelo contratante;
> V – local em que será prestado o serviço;
> VI – estipulação dos honorários e sua forma de pagamento.
> Parágrafo único. É facultada às partes a estipulação de seguro de vida em favor do detetive particular, que indicará os beneficiários, quando a atividade envolver risco de morte. (Brasil, 2017a)

Tendo em vista a obrigatoriedade da natureza do serviço, Masi (2017) ressalta que a contratação de um "serviço de investigação de 'natureza criminal' tornaria o pacto nulo de pleno direito", visto que na Lei n. 13.432/2017 há o dispositivo que veda a atuação do detetive particular no âmbito criminal.

Complementando os dois artigos anteriores, o art. 9º disciplina a conduta do detetive particular ao final da relação contratual:

No exercício de sua atividade, o detetive deve cumprir alguns requisitos éticos, como manter o **sigilo profissional**.

> Art. 9º Ao final do prazo pactuado para a execução dos serviços profissionais, o detetive particular entregará ao contratante ou a seu representante legal, mediante recibo, relatório circunstanciado sobre os dados e informações coletados, que conterá:
> I – os procedimentos técnicos adotados;
> II – a conclusão em face do resultado dos trabalhos executados e, se for o caso, a indicação das providências legais a adotar;
> III – data, identificação completa do detetive particular e sua assinatura. (Brasil, 2017a)

Em síntese, esse artigo regulamenta o fim da relação contratual, dispondo sobre o relatório que o detetive particular deverá entregar ao cliente, mediante comprovação do recebimento.

O art. 10, por outro lado, elenca o que é vedado ao detetive particular no exercício da profissão:

> Art. 10. É vedado ao detetive particular:
>
> I - aceitar ou captar serviço que configure ou contribua para a prática de infração penal ou tenha caráter discriminatório;
>
> II - aceitar contrato de quem já tenha detetive particular constituído, salvo:
>
> a) com autorização prévia daquele com o qual irá colaborar ou a quem substituirá;
>
> b) na hipótese de dissídio entre o contratante e o profissional precedente ou de omissão deste que possa causar dano ao contratante;
>
> III - divulgar os meios e os resultados da coleta de dados e informações a que tiver acesso no exercício da profissão, salvo em defesa própria;
>
> IV - participar diretamente de diligências policiais;
>
> V - utilizar, em demanda contra o contratante, os dados, documentos e informações coletados na execução do contrato. (Brasil, 2017a)

Conforme é possível perceber, esse artigo apresenta o rol de proibições no exercício da profissão de detetive particular com a devida observância de princípios éticos.

Complementando o artigo anterior, o art. 11 nomeia os deveres do detetive particular:

> Art. 11. São deveres do detetive particular:
>
> I - preservar o sigilo das fontes de informação;
>
> II - respeitar o direito à intimidade, à privacidade, à honra e à imagem das pessoas;
>
> III - exercer a profissão com zelo e probidade;

> IV – defender, com isenção, os direitos e as prerrogativas profissionais, zelando pela própria reputação e a da classe;
>
> V – zelar pela conservação e proteção de documentos, objetos, dados ou informações que lhe forem confiados pelo cliente;
>
> VI – restituir, íntegro, ao cliente, findo o contrato ou a pedido, documento ou objeto que lhe tenha sido confiado;
>
> VII – prestar contas ao cliente. (Brasil, 2017a)

Novamente, é possível perceber a importância da ética dentro dessa profissão, visto que o detetive, ao longo de seu exercício, toma conhecimento de informações sigilosas. Conforme esclarece Maxmiliano Crispim Vieira (2012), a ética é necessária em qualquer atividade humana, seja profissional, seja social. No âmbito profissional, a ética garante credibilidade ao profissional diante dos clientes e da sociedade, visto que revela sua seriedade. No caso da profissão de detetive particular, que ainda precisa lutar contra o preconceito social, a ética se torna ainda mais indispensável. Além disso, "Em todos os países do mundo, o Detetive Particular só pode exercer a profissão em consonância com as leis vigentes, isto é, respeitando a vida privada do cidadão." (Vieira, 2012, p. 42).

Nesse sentido, é válido salientar que, no Brasil, é considerada conduta contravencional, prevista no art. 47 da Lei das Contravenções Penais[5]: "Exercer profissão ou atividade econômica ou anunciar que a exerce, sem preencher as condições a que por lei está subordinado o seu exercício" (Brasil, 1941). O art. 12, por sua vez, estabelece os direitos do detetive particular:

> Art. 12. São direitos do detetive particular:
>
> I – exercer a profissão em todo o território nacional na defesa dos direitos ou interesses que lhe forem confiados, na forma desta Lei;
>
> II – recusar serviço que considere imoral, discriminatório ou ilícito;

5 Decreto-Lei n. 3.688, de 3 de outubro de 1941 (Brasil, 1941).

> III - renunciar ao serviço contratado, caso gere risco à sua integridade física ou moral;
>
> IV - compensar o montante dos honorários recebidos ou recebê-lo proporcionalmente, de acordo com o período trabalhado, conforme pactuado;
>
> V - (VETADO);
>
> VI - reclamar, verbalmente ou por escrito, perante qualquer autoridade, contra a inobservância de preceito de lei, regulamento ou regimento;
>
> VII - ser publicamente desagravado, quando injustamente ofendido no exercício da profissão. (Brasil, 2017a)

O inciso V do art. 12, que estabelecia o direito do profissional ao tratamento digno, "como profissional colaborador da Justiça e dos órgãos de polícia judiciária, cujos membros e servidores devem ser tratados com a mesma deferência por ele" (Brasil, 2017b), foi vetado sob a seguinte justificativa:

> **Razões do veto**
>
> Os profissionais cuja atividade se regula por este projeto de lei exercem ofício de natureza privada, e não como presente no dispositivo, em linguagem própria de agentes públicos ou advogados. O uso da expressão, no rol de direitos do profissional, tem potencial de gerar confusão entre atividade pública e privada, com prejuízos a ambas e ao interesse público. (Brasil, 2017b, grifo do original)

O veto pretendeu reforçar a proibição da atuação do detetive particular na investigação criminal, deixando claro que ele não pode ser confundido com servidor público ou colaborador dos órgãos de polícia judiciária.

Por fim, o art. 13 determina a vigência da lei a partir da data de sua publicação: "Art. 13. Esta Lei entra em vigor na data de sua publicação" (Brasil, 2017a).

A aprovação da Lei n. 13.432/2017 foi, de fato, uma vitória para a profissão de detetive particular no âmbito nacional, mas não representou o fim dessa luta, que deve continuar para organizar, estruturar e normatizar a profissão.

Com relação à **organização**, deve-se atuar para ajustar as diferenças regionais; dispor sobre o que é necessário para funcionar com maior agilidade e visibilidade na sociedade, notadamente nesse momento em que a transparência e a dignidade são tão valorizados no Brasil; estabelecer as bases de procedimentos; constituir um organismo nacional, estadual e municipal[6]; e preparar a categoria para o futuro promissor – visto que a profissão de detetive particular precisa tomar forma de categoria nacional organizada para ser respeitada pelo Estado.

Já no que diz respeito à **estruturação**, deve-se elaborar um projeto para a construção de uma profissão reconhecida e forte; pôr em ordem o que hoje está sem controle e sem perspectiva de melhoria para o profissional; instituir a carteira funcional única, reconhecida, validada e respeitada em todo o Brasil; pleitear a mudança na legislação para que a categoria possa ter, por lei específica, o porte de arma; fazer cumprir o que determina a Classificação Brasileira de Ocupações quanto aos cursos de nível médio com duração mínima de 400 horas, visto que fomentar a educação é um dever de todos; buscar a reserva de mercado; e fortalecer a profissão com relação às polícias e aos órgãos governamentais, inserindo o detetive particular definitivamente como auxiliar da Justiça.

Por fim, na etapa de **normatização**, pretende-se estabelecer novas normas procedimentais e técnicas para o regime de trabalho profissional, pensadas juntamente com a categoria; apresentar novos projetos de lei que ampliem a regulamentação em todos os aspectos que a categoria busca; elaborar manuais de procedimentos, regulando a funcionalidade básica do profissional, com a participação dos colegas que já publicaram

6 Essa reivindicação foi ratificada por um grande número de detetives que participaram da pesquisa comentada no segundo capítulo desta obra.

materiais nesse sentido; e criar a Escola Nacional do Detetive, que seria mantida pela atuação e reunião dos próprios detetives particulares.

Tendo em vista a continuidade da luta, um novo Projeto de Lei deverá ser apresentado para estruturar, de maneira mais aprofundada, a profissão, regulamentando-a e fortalecendo-a perante as demais profissões. Com esse propósito, um grupo de profissionais imbuído nessa luta incessante já está se articulando para a formação de um Grupo de Trabalho, a fim de aprimorar a Lei n. 13.432/2017 e trazer novos posicionamentos para o engrandecimento da profissão.

5

O Segundo Congresso Nacional dos Detetives Particulares e a normatização da profissão

Conforme evidenciamos no capítulo anterior, o primeiro congresso tratou do reconhecimento da profissão de detetive particular. Após esse objetivo ter sido conquistado, tornou-se necessário definir a estruturação e a organização dessa categoria.

Tendo isso em vista, foi organizado o Segundo Congresso Nacional dos Detetives Particulares, anunciado em julho de 2017. No entanto, sua realização ocorreu apenas no dia 21 de março 2018, no auditório da Câmara Legislativa do Distrito Federal, em Brasília, sob a coordenação do detetive Will Verun – mestre de cerimônias de ambos os congressos.

Em razão de ocorrer simultaneamente ao Primeiro Encontro Nacional da Água, também realizado em Brasília, o Segundo Congresso dos Detetives Particulares do Brasil teve uma participação aquém do esperado, embora isso não tenha reduzido sua importância. O evento contou com 186 inscritos, dos quais cerca de 90 estiveram presentes.

O assunto principal do congresso foi a criação da entidade privada **Ordem dos Detetives do Brasil** (ODB), cujo objetivo era colocar à disposição dos filiados um alinhamento positivista para o engrandecimento da categoria.

A programação contou com palestras sobre temas importantes da profissão, como a ministrada pelo Deputado Federal Ronaldo Nogueira, intitulada "A revolução trabalhista e a evolução do emprego: o momento da categoria dos detetives alçar novos voos", cujo intuito era demonstrar o que pode ser feito para o engrandecimento da profissão.

Em sua fala, o deputado mencionou o detetive Rike Vargas, recentemente falecido, e a força da luta da categoria, bem como discorreu sobre as dificuldades do mercado de trabalho no Brasil, que perdeu um milhão e quinhentos mil postos entre dezembro de 2014 e dezembro de 2015 e um milhão e duzentos mil postos de dezembro de 2015 a dezembro de 2016.

Nogueira destacou que a lei trabalhista é ultrapassada em muitos pontos, demonstrando o encadeamento do sistema capitalista e a necessidade de que todos os que atuam nesse cenário façam sua parte para que todos tenham sucesso. Na sequência, ele esclareceu a questão da flexibilização do trabalho, recentemente aprovada pelo Congresso, e comprometeu-se a dar entrada a um novo Projeto de Lei para regulamentar os cursos de detetive particular, assim como a instituir o dia

26 de julho como *dia nacional do detetive particular*. Por fim, voltou a enfatizar a importância de a categoria se manter unida, a fim de que novos benefícios sejam alcançados, tendo em vista que se trata de uma profissão liberal. Encerrando sua fala, o deputado ofereceu seu gabinete para dar suporte à criação da ODB e da Federação dos Detetives do Brasil (Fenad).

Após essa palestra, as detetives Maria do Socorro Costa Amaral, do Maranhão, e Fabiana Lemos, do Rio Grande do Sul, abriram a mesa sobre a participação feminina na profissão de detetive particular. Socorro Amaral ressaltou o empoderamento feminino, a dignidade no exercício profissional e a expressividade das mulheres na categoria. Para exemplificar, a detetive mencionou as representantes presentes no congresso. Fabiana Lemos comentou a importância de se reforçar que as mulheres podem exercer sua profissão sem abrir mão da família, enfatizando que a competência rege o mercado e que a questão de gênero é secundária.

Após as falas das detetives, a plateia pôde questionar os integrantes da mesa, a fim de enriquecer a discussão sobre a força e a representatividade das mulheres detetives.

"Detedivas" do Brasil: as mulheres detetives

Figura 5.1 – Brasão Detetives Mulheres do Brasil

Fonte: Detetives Mulheres do Brasil, 2018.

Em 18 de fevereiro de 2016, a detetive Socorro Amaral criou o grupo **As Detedivas**, que começou com 27 mulheres. Atualmente, o grupo agrega 42 participantes.

Meses depois, em maio de 2016, Amaral também criou o *site* das detetives mulheres brasileiras, que contou com 14 integrantes: Socorro Amaral (MA), Marina Barbosa Caceres (MS), Jacqueline Morais (SP), Angélica Silva (SP), Sarah Lima (AC), Rosenilda Rocha Moura–Sophye (RJ), Debora Agrah (PE), Lohane Brum (RJ), Keila Nunes (DF), Eliete Quaresma (MG), Niedja Ximenes (PE), Rhamita Jordão (RJ), Margarete Moreira (RJ) e Amanda Arnold (SC). Atualmente, o *site* é administrado por 11 participantes, visto que as demais estão atuando em outras áreas.

No *site* **Detetives Mulheres do Brasil**[1], é possível conhecer os serviços oferecidos por essas profissionais, como investigação de infidelidade conjugal, varredura de ambientes, casos de família, acompanhamento de filhos, investigação empresarial, contraespionagem, investigação trabalhista, investigação de concorrência desleal, desaparecimento de pessoas, investigação virtual e pré-nupcial.

A plataforma também viabiliza a escolha da profissional segundo a localização, bastando selecionar em um mapa do Brasil sua região ou estado de conveniência.

No Segundo Congresso Nacional dos Detetives Particulares, o detetive Décio Freitas discorreu sobre a formação da futura Fenad, esclarecendo a finalidade e os benefícios que ela proporcionará por meio da união da categoria na luta por objetivos comuns. Nesse congresso, eu, Itacir Flores, ministrei a palestra "Novo Projeto de Lei para a ampla regulamentação da classe e a reserva de mercado", com o propósito de esclarecer que a luta pela legalização de mais direitos para a classe dos detetives particulares ainda continua.

---

1 DETETIVES MULHERES DO BRASIL. Disponível em: <detetivesmulheresdobrasil.com.br>. Acesso em: 15 ago. 2018

Já o detetive Mário Delprato apresentou o **Museu dos Detetives do Brasil**, do qual é idealizador e curador. Delprato explicou que, atualmente, o funcionamento do museu é virtual, mas que pretende inaugurar, em breve, uma sede física. Dito isso, ele solicitou aos colegas que doassem equipamentos e fotos que contem a história da profissão, a fim de ampliar o acervo.

Museu do Detetive

Embora o Museu dos Detetives do Brasil ainda esteja disponível apenas em uma plataforma virtual, no Brasil, há um museu físico dedicado a toda história da profissão de detetive particular: o Museu do Detetive. Trata-se do primeiro museu da América Latina dedicado à profissão.

Fundado em 15 de janeiro de 2016, na cidade do Rio de Janeiro, o museu contempla um acervo de dispositivos de escuta, microfones e armas disfarçados, câmeras em miniatura, equipamentos de comunicação e equipamentos óticos. Além disso, o museu disponibiliza materiais sobre investigação, espionagem, métodos e equipamentos, incluindo itens que foram utilizados durante a Segunda Guerra Mundial e a Guerra Fria, além da história de detetives particulares famosos, como Eugene François Vidocq e Allan Pinkerton.

Os equipamentos de investigação e espionagem em exibição são, em sua maioria, oriundos de países da Europa, da antiga União Soviética, dos Estados Unidos e de alguns países asiáticos, como China e Japão.

Alguns objetos foram coletados ao longo dos anos, por meio de doações realizadas por outros detetives particulares brasileiros, alguns já falecidos. Já os itens mais raros exigiram muita negociação com colecionadores de relíquias e participações em leilões de antiguidades, o que demandou um bom investimento.

Como o *blog* do Museu do Detetive (2016) registra, o objetivo do museu é, além de contar a história da profissão e apresentar seus principais equipamentos, desconstruir o estereótipo do detetive que aparece na mídia e na indústria do entretenimento, que é exageradamente *glamourosa*, e atrair o interesse de jovens e adolescentes pela profissão.

Um dos pontos principais do congresso foi quando o detetive Raul Valério Subtil Ábacus apresentou como seria a ODB. O assunto foi debatido por todos, que aprovaram por unanimidade a criação, a organização e a estruturação da nova entidade. Foi dado ao detetive Ábacus o prazo de até um ano para apresentar um documento sobre a proposta da ODB.

Ficou acordado também que uma credencial padronizada será criada, a fim de que todos os que atuam como detetive particular no Brasil possam exibir sua profissão com orgulho. Como sabemos, até a criação da ODB, a quantidade de credenciais diferentes era muito grande, o que enfraqueceu a categoria. A nova credencial será totalmente padronizada e conterá o logotipo da entidade. É importante salientar que cada detetive inscrito na ODB receberá um certificado de registro profissional, com seu número exclusivo, que será o mesmo que constará na credencial. Além disso, serão confeccionados produtos exclusivos para os filiados. Tudo isso será possível porque os recursos serão administrados pelos associados.

Outras propostas importantes são a facilitação da compra de equipamentos em grupo, por meio de convênios para a categoria, e a criação de um banco de pesquisa cadastral.

Figura 5.2 – Logo da ODB

Fonte: ODB, 2018b.

Ábacus salientou em sua fala que a ODB não é uma entidade individual, ou seja, pertencente a ele ou qualquer outra pessoa que tenha trabalhado em sua constituição, mas uma organização que visa representar toda a categoria. Afinal, conforme elucidou, os detetives particulares necessitam de respaldo, visto que são expostos constantemente ao risco de morte e a profissão ainda sofre com o estigma do preconceito. Para resolver esse último caso, Ábacus ressaltou a importância da ética na profissão.

É necessário lembrar que os detetives particulares estiveram presentes em todos os períodos da República, sendo alvo de críticas e de desconfiança dos entes que orbitam a segurança brasileira. Por isso, a ODB tem como propósito dar um basta a tudo que venha a prejudicar o crescimento social, econômico e profissional da classe. Afinal, se houver união e persistência, a classe dos detetives particulares passará a ser respeitada, principalmente pelos clientes, que saberão com quem estão firmando uma parceria de trabalho.

O Estatuto Provisório da ODB foi protocolado no Cartório do 2º Ofício de Brasília. De acordo com as orientações dadas no segundo congresso, todos os participantes que assinaram a Ata Histórica serão considerados fundadores da ODB. Confira o documento a seguir.

ESTATUTO DA ORDEM DOS DETETIVES DO BRASIL
(Artigo 45 da Lei n. 10.406, de 10 de janeiro de 2002)
TÍTULO I
DA DENOMINAÇÃO, SEDE, JURISDIÇÃO,
DURAÇÃO E OBJETIVOS

A Associação - ORDEM DOS DETETIVES DO BRASIL - é pessoa jurídica de direito privado, constituída na forma de sociedade civil de fins não lucrativos, com abrangência em todo território nacional, com autonomia administrativa e financeira, identificada pela sigla ODB, regendo-se pelo presente Estatuto e pela legislação que lhe for aplicável.

A Associação tem sede e foro na Cidade de Brasília, Distrito Federal, Setor de Autarquias Sul, Quadra 04, lote 09/10, bloco A, sala 314, edifício Victoria Office Tower, CEP 70070-938.

A ODB tem por finalidade a normatização, representação, defesa e fiscalização da profissão de detetive particular em todo o território brasileiro, no âmbito exclusivo de seus associados e dos interesses profissionais destes e ainda:

I – constituída para fins de estudo, defesa, coordenação e representação, em juízo ou fora dele, dos profissionais autônomos, empregados, empresários individuais, integrantes de sociedade empresarial ou de serviço no ramo da investigação particular, denominados detetives particulares, consoante o Artigo 2º da Lei n. 13.432, de 11 de abril de 2017, quando associados à ODB;

II – constituída para fins de estudo, defesa, coordenação e representação, em juízo ou fora dele, das empresas de informações confidenciais e de ensino da profissão de Detetive, quando associadas à ODB;

III – As finalidades e objetivos constantes neste Estatuto dependem, para sua plena execução, da apresentação de recursos, não podendo a entidade comprometer sua existência para a solução destes, mas buscará sempre o melhor que possa executar dentro de suas reais condições.

§1º São representadas pela ODB as seguintes atividades profissionais: Detetive profissional, investigador particular, agente de inteligência privada e outras que tenham o mesmo objetivo.

§2º No Estado-membro de domicílio do Presidente da ODB, durante o período do mandato, funcionará uma Subsede Nacional da Entidade.

Na consecução de tais objetivos, a ODB poderá efetivar trabalhos de atendimento, ensino, pesquisa e publicações, bem como participar na formação de pessoal técnico, relacionados com seus fins.

A fim de cumprir suas finalidades, a Associação se organizará e atuará em todo o território nacional, a partir dos Estados que compõem a nação brasileira e segundo o disposto neste Estatuto, poderá eleger Diretorias.

A Associação poderá firmar convênios ou contratos e articular-se, pela forma conveniente, com órgãos, empresas ou entidades, públicas ou privadas.

O prazo de duração da Ordem dos Detetives do Brasil é indeterminado e ilimitado, com independência e total autonomia administrativa, financeira e patrimonial em relação ao Estado brasileiro, sem cunho político ou partidário, não se sujeitando a qualquer tipo de intervenção governamental, ou vinculo funcional ou hierárquico à entidade similar.

São objetivos institucionais da Ordem dos Detetives do Brasil:

I – representar e defender os interesses dos afiliados, empreender esforços para a regulamentação da profissão no país e pugnar pela criação de autarquia para reger a profissão;

II – zelar por um ambiente de perfeita harmonia e entrosamento entre os associados, em torno dos ideais da classe;

III – representar no âmbito federal, estadual e municipal os direitos e os interesses de seus associados, com garantia nos Artigos 5º, incisos XVII, XVIII, XIX, XXI e LXX, e 8º da Constituição da República, Artigo 511 do Decreto-Lei n. 5.452, de 1º de maio de 1943, podendo propor quaisquer tipos de ações, junto às diversas instâncias dos Poderes Públicos, em defesa dos interesses individuais e coletivos dos integrantes dos seus quadros (Súmula 629 do STF), dispensada a realização de Assembleia;

IV – arguir judicialmente a inconstitucionalidade de leis que, direta ou indiretamente, tenham repercussão sobre a profissão de detetive particular, as empresas de investigação e as escolas de formação profissional;

V – atuar como parte, representante, assistente ou substituto, judicial ou extrajudicialmente, na defesa de direitos e interesses individuais ou coletivos de seus associados, podendo tomar medidas judiciais e extrajudiciais, salvo expressa manifestação contrária do interessado;

VI – combater a prática ilegal da profissão, convergindo para que as prerrogativas, independência, dignidade, deveres e direitos expressos na Lei n. 13.432, de 11 de abril de 2017, sejam respeitados, notificando às autoridades competentes os casos de irregularidades de que tomar ciência;

VII – velar pela dignidade, independência e valorização da profissão de detetive particular, zelando para que o profissional seja tratado com o decoro que merece;

VIII – estimular o debate e a busca de soluções para os problemas da atividade econômica e profissional da profissão;

IX – formular propostas que visem assegurar o preparo e o aperfeiçoamento técnico-científico, cultural e humanístico do detetive particular;

X – especialmente no contexto de suas finalidades:

- estudos e projetos econômicos, técnicos e sociais;
- certificações e parâmetros de referência de natureza profissional;
- obtenção de financiamento e incentivos;
- orientação jurídica em assuntos do universo da prática profissional;
- convênios com universidades, instituições de ensino técnico e/ou cursos profissionalizantes livres públicos ou privados, para formação, qualificação e aperfeiçoamento dos profissionais afiliados;
- realização ou patrocínio de congressos, conferências e seminários;
- promover campanhas e incentivar atividades de natureza econômica e cultural voltadas aos seus objetivos e finalidades.

CAPÍTULO I
DAS OBRIGAÇÕES DA ENTIDADE

São deveres da Ordem dos Detetives do Brasil:

I – registrar e cadastrar os associados e manter arquivo desses registros;

II – manter contato com seus membros, por site próprio e meios de comunicação de internet;

III – apoiar, incentivar ou realizar cursos de qualificação e/ou aperfeiçoamento dos conhecimentos técnico-científicos necessários ao desenvolvimento da profissão, além de publicações e periódicos;

IV – oferecer serviços de orientação, convênios e assistência aos associados, inclusive de natureza jurídica extrajudicial, não necessariamente gratuitos, a partir do momento em que alcance número de associados que torne tais serviços viáveis e sustentáveis econômica e financeiramente;

V – manter sede virtual, com website;

VI – manter colaboração, intercâmbio, convênios ou acordos com as demais associações, sindicatos da categoria, órgãos públicos ou instituições privadas, inclusive do exterior, visando a concretização dos objetivos estatutários.

CAPÍTULO II
DOS PRINCÍPIOS FUNDAMENTAIS

Princípios da Ordem dos Detetives do Brasil:

I – observar os princípios da legalidade, impessoalidade, moralidade, publicidade, economicidade e da eficiência;

II – cooperar com os Poderes Públicos federais, estaduais e municipais, na qualidade de ente representativo de âmbito federal privado, no estudo e solução dos problemas que se relacionem com a profissão de detetive particular e empresas de investigação privadas;

III – abstenção de qualquer propaganda não somente de doutrinas incompatíveis com as instituições democráticas e os interesses nacionais, mas também de candidaturas para cargos eletivos estranhos à ODB;

IV – proibição de quaisquer formas de distribuição de parcelas de suas receitas ou patrimônio fora dos interesses dos associados;

V – vedação ao exercício de cargos eletivos, incluído os de suas Diretorias Estaduais, cumulativamente com o emprego remunerado em cargos na entidade;

VI – abstenção de quaisquer atividades não compreendidas em suas finalidades;

VII – gratuidade do exercício dos cargos eletivos;

VIII – não consentir a cessão gratuita ou remunerada de seus bens imóveis, incluindo equipamentos ou móveis, à entidade de índole político-partidária.

Parágrafo único – É completamente vedada à Ordem dos Detetives do Brasil:

I – fazer qualquer discriminação entre seus associados; exceto o de reconhecimento dos membros fundadores;

II – manifestar-se sobre assunto estranho às suas finalidades;

III – realizar atividade político-partidária ou de credo religioso;

IV – conceder aval e fiança;

V – a utilização, sem autorização prévia do associado, de dados pessoais para outros fins que não aqueles para os quais foram prestados.

TÍTULO II
DOS SÍMBOLOS DA ODB E DA IDENTIDADE FUNCIONAL

São símbolos da Ordem dos Detetives do Brasil a bandeira, o selo e o brasão.

O desenho da bandeira, do selo e do brasão da ODB deve estar, cada um, de acordo com os modelos aprovados pela Assembleia Geral.

A bandeira será exposta nas dependências da ODB.

É vedado o uso particular, mesmo por associados, dos símbolos da ODB, exceto pelos associados no exercício de cargos eletivos durante o respectivo mandato e pelos associados no uso de documentos, credenciais e adereços oficiais ou autorizados pela entidade.

Parágrafo único – O nome Ordem dos Detetives do Brasil e a sigla ODB são privativos da entidade, podendo o presidente autorizar outros usos mediante parecer do Conselho Deliberativo.

A ODB fornecerá ao associado cédula de identidade funcional com prazo de validade renovável conforme o modelo aprovado pelo Conselho Deliberativo, inclusive distintivo e porta funcional que constituirão carga individual, enquanto permanecerem afiliados aos quadros da entidade. A credencial, o distintivo e o porta-documentos pertencem à entidade, que autoriza o uso aos associados, a título de concessão, reservando-se ao direito de, a qualquer tempo, requerê-los de volta, judicial ou extrajudicialmente.

Parágrafo único – O recebimento de nova credencial, porta-documentos ou distintivo obriga ao associado a devolução da anterior em seu poder.

TÍTULO III
DOS ÓRGAOS DA ENTIDADE

São órgãos da ODB:
I – a Assembleia Geral Nacional;
II – a Diretoria Executiva Nacional;
III – o Conselho Fiscal;
IV – o Conselho Deliberativo;
V – o Conselho de Ética e Disciplina;
VI – A Comissão Nacional de Ensino;
VII – As Ordens Estaduais.

SEÇÃO I
DA ASSEMBLEIA GERAL

A Assembleia Geral Nacional dos Detetives, convocada na forma do presente Estatuto, é órgão máximo e soberano da Ordem dos Detetives do Brasil, sendo constituída de todos os associados em pleno gozo de seus direitos, competente a tomar todas as decisões em defesa da Entidade, fazer alterações estatutárias e no Código de Ética e destituir qualquer cargo ou função.

São atribuições da Assembleia Geral:

I – eleger o Presidente, Vice-Presidente, Secretário Geral, Diretor Financeiro e os Conselhos Fiscal e Deliberativo; e suplentes, indiretamente, através dos representantes estaduais eleitos, conforme este Estatuto;

II – elaborar e aprovar, alterar ou reformar o Estatuto e o Regimento Interno da ODB;

III – destituir, pelo voto de 2/3 (dois terços) dos associados, os membros das Diretorias Executiva Nacional e estaduais; dos Conselhos Fiscal, Deliberativo, de Ética e Disciplina; e outros que houver;

IV – deliberar sobre o orçamento anual e sobre o programa de trabalho elaborado pela Diretoria, devendo ser ouvido previamente o Conselho Fiscal;

V – examinar o relatório da Diretoria e deliberar sobre o balanço e as contas, após parecer do Conselho Fiscal; e aprovar ou reprovar o parecer do Conselho Fiscal;

VI – deliberar sobre a conveniência de aquisição, alienação ou oneração de bens pertencentes à Associação;

VII – decidir sobre a exclusão de associado do quadro social, assegurando ampla defesa; ou sobre impedimento de associar-se, quando proposto por qualquer membro;

VIII – decidir sobre a reforma do presente Estatuto e a forma como se dará as alterações;

IX – autorizar a celebração de convênios e acordos com entidades públicas ou privadas;

X – julgar em última instância os recursos contra decisões dos demais órgãos da Ordem dos Detetives do Brasil, na forma das disposições estatutárias e regimentais;

XI – autorizar a mudança da sede da ODB;

XII – aprovar alterações nos símbolos da ODB;

XIII – aprovar alterações no Código de Ética da ODB;

XIV – aprovar ou reprovar a intervenção temporária, extinção e a reativação das Diretorias e Ordens Estaduais;

XV – autorizar a alienação ou venda de bens da Ordem dos Detetives do Brasil, mediante prévia proposta formulada pela Diretoria Executiva Nacional;

XVI – decidir sobre a extinção da ODB e o destino do patrimônio.

Parágrafo primeiro – O patrimônio, em caso de dissolução da entidade, não poderá ser dividido entre os sócios remanescentes.

A Assembleia Geral se reunirá ordinariamente no mês de março de cada ano, quando convocada pelo seu presidente, por seu substituto legal ou ainda por no mínimo 1/5 de seus membros, para:

- tomar conhecimento da dotação orçamentária e do planejamento de atividades para a Associação;
- deliberar sobre o relatório apresentado pela Diretoria sobre as atividades referentes ao exercício social encerrado.

A Assembleia Geral se reunirá a cada três anos, para eleger a administração nacional da ODB, sendo estes o Presidente Nacional, o Vice-Presidente, o Secretário Geral, o Diretor Financeiro e os Conselhos Fiscal e Deliberativo, através do voto dos presidentes estaduais.

É permitido que as eleições estaduais, de mesma data, sejam executadas em conjunto com a eleição nacional.

Parágrafo primeiro – Somente poderá concorrer ao cargo de presidente nacional detetives com idade igual ou superior a 40 anos, com mínimo de 20 anos de exercício profissional e reconhecido saber profissional, sendo o vice-presidente com idade mínima de 35 anos e mínimo de 15 anos de exercício profissional.

Parágrafo segundo: em caso de não haver entre os associados detetives com estas características, caberá à comissão eleitoral estabelecer para uma única eleição nova norma realizável.

Parágrafo terceiro: Na eleição para a administração nacional cada presidente estadual votará representando a totalidade dos detetives de seu estado.

A Assembleia Geral se reunirá extraordinariamente quando convocada:

I – pelo Presidente da Ordem dos Detetives do Brasil, para quaisquer fins;

II – por unanimidade das Diretorias Regionais; para quaisquer fins administrativos;

III – pelo Conselho Fiscal; para quaisquer fins fiscais financeiros ou jurídicos;

IV – por 2/3 dos associados.

A convocação das reuniões ordinárias ou extraordinárias será feita mediante edital, com pauta dos assuntos a serem tratados, a ser fixado na sede da entidade, com antecedência mínima de 15 (quinze) dias. A critério do convocante, poderá ainda ocorrer mediante edital publicado no Diário Oficial da União, ou, ainda, eletronicamente, no seu site oficial (www.odb.org.br), contendo em qualquer dos meios a ordem do dia, local, data e hora da reunião.

Na Assembleia Geral, somente terão direito a voz e voto os associados em pleno gozo de seus direitos associativos e em dia com a tesouraria.

Parágrafo único – Os associados deverão assinar por extenso a lista de presença que será anexada à Ata da Assembleia.

§1º As reuniões ordinárias instalar-se-ão, em primeira convocação, com a presença mínima de dois terços (2/3) dos integrantes da Assembleia Geral e, em segunda convocação, trinta (30) minutos após, com qualquer número de presentes.

§2º As reuniões extraordinárias instalar-se-ão, em primeira convocação, com 2/3 (dois terços) dos integrantes da Assembleia Geral e, em segunda convocação, trinta (30) minutos após, com qualquer número de presentes.

A Assembleia Geral será presidida pelo Presidente e a secretaria, pelo Secretário da Ordem dos Detetives do Brasil. Na falta de um ou de outro, [será presidida] pelos seus substitutos, ou por associado indicado pela Assembleia, entre os presentes.

§1º – As deliberações da Assembleia Geral serão tomadas por maioria simples de votos, não se computando as abstenções, os votos em branco ou nulo.

§2º – Caberá ao Presidente fixar o tempo das intervenções, bem como deferir ou não as questões de ordem levantadas, com recurso em plenário.

§3º – Considera-se questão de ordem qualquer esclarecimento ou matéria que se constitua pressuposto lógico para deliberação.

§4º – A ata dos trabalhos, bem como resoluções da Assembleia Geral, será lavrada na pasta própria e assinada pelos membros da mesa e, facultativamente, pelos associados presentes.

§5º A solicitação de convocação de Assembleia Extraordinária será feita em petição dirigida ao Presidente da Ordem dos Detetives do Brasil, devidamente fundamentada e contendo o elenco de matérias que deverão constar de ordem do dia.

§6º A Assembleia Geral Extraordinária que tiver como objeto a reforma do Estatuto somente se instalará, em primeira convocação, com a presença absoluta dos associados com direito a voto, instalando-se, porém, em segunda convocação, com 2/3 dos associados, nos termos deste Estatuto.

§7º Inexistindo quórum na primeira convocação, a Assembleia Geral Extraordinária reunir-se-á em segunda convocação, 30 minutos após a hora estabelecida.

SEÇÃO II

DA DIRETORIA EXECUTIVA NACIONAL

A Diretoria, com mandato de 3 (três) anos, é integrada pelo Presidente, Vice-Presidente, Secretário Geral, Diretor Financeiro; e respectivos suplentes, permitida a reeleição por igual prazo.

Em qualquer votação, em qualquer órgão da ODB, que ocorrer empate, o voto de minerva caberá ao Presidente Nacional.

Parágrafo primeiro – Ocorrendo vaga em qualquer cargo de titular da Diretoria, caberá ao respectivo suplente substituí-lo até o fim do período para que foi eleito.

Parágrafo segundo: Ocorrendo vaga entre os integrantes suplentes da Diretoria, a Assembleia Geral se reunirá no prazo máximo de trinta dias após a vacância para eleger o novo integrante.

A Diretoria Executiva Nacional será empossada em sessão solene, dentro de 15 (quinze) dias a contar de sua eleição.

A Administração da entidade cabe à Diretoria Executiva Nacional e Estadual, nos moldes deste Estatuto.

Compete à Diretoria Executiva Nacional:

- administrar a Ordem dos Detetives do Brasil, satisfazer seus objetivos institucionais, zelando pelos bens e interesses da Entidade, promovendo seu engrandecimento;
- elaborar e executar o programa anual de atividades;
- elaborar e apresentar à Assembleia Geral o relatório anual e o respectivo demonstrativo de resultados do exercício findo;
- elaborar o orçamento da receita e das despesas para o exercício seguinte;

- elaborar os regimentos internos de seus departamentos;
- entrosar-se com instituições públicas e privadas, tanto no País como no exterior, para mútua colaboração em atividades de interesse comum;
- convocar a Assembleia Geral nos casos previstos neste Estatuto;
- executar as deliberações da Assembleia Geral e dos Conselhos Fiscal, Deliberativo e de Ética;
- aplicar as penas de advertência reservada e de suspensão por deliberação do Conselho de Ética, decorrido o prazo para a interposição do recurso pelo associado;
- editar o Regulamento Eleitoral;
- instituir ou propor a extinção ou reativação de Diretorias;
- apreciar os assuntos apontados pelos Conselhos Fiscal, Deliberativo, de Ética e pelas Diretorias Regionais da ODB;
- apreciar os pleitos dos associados ou, se for o caso, remetê-los aos órgãos competentes;
- fixar e reformar seu Regimento Interno;
- aprovar as inscrições de novos associados ou delegar essa atribuição às Diretorias Regionais;
- prestar contas, anualmente, à Assembleia Geral;
- praticar todos os atos de livre gestão e resolver todos os assuntos de interesse da ODB;
- prover condições para o funcionamento dos demais órgãos da estrutura administrativa da ODB;
- outorgar honrarias a associados e pessoas estranhas aos quadros da Entidade, consoante dispõe o Art. 101 deste Estatuto;
- abrir sindicância para apurar infração ou irregularidade cometida por funcionário da ODB;
- representar pela abertura de procedimento ético disciplinar contra associado;
- suspender, por recomendação do Conselho de Ética, os direitos do associado cujo proceder se tornar incompatível com os fins da ODB, ou que deixar de cumprir as disposições estatutárias;
- conceder licença aos Diretores nomeados pelo Presidente da ODB;

- promover a realização do Congresso Nacional dos Detetives;
- ter um representante no Conselho Deliberativo;
- propor a contratação de advogado ou escritório de advocacia para exercer a assessoria jurídica da ODB; e
- propor a dissolução da Entidade.

§1º – A Diretoria Executiva Nacional reunir-se-á, ordinariamente, uma vez por trimestre e, extraordinariamente, quando necessário, funcionando com a presença de três membros, no mínimo.

§2º – Qualquer dos cargos da Diretoria Executiva Nacional será declarado vago, em reunião para esse fim especialmente convocada, quando o respectivo ocupante deixar de comparecer, sem motivo justificado, por escrito, a três reuniões ordinárias consecutivas ou cinco alternadas.

§3º – O exercício das funções na ODB será gratuito, vedada a percepção de qualquer remuneração, pró-labore, gratificações ou outro pagamento que assuma, a qualquer título e de forma direta ou indireta, natureza de retribuição pelos serviços prestados à Entidade, exceto para funcionários contratados no regime de CLT.

São necessárias ao funcionamento da Ordem dos Detetives do Brasil as seguintes Diretorias, de preenchimento por nomeação do Presidente:

I – Diretor Ouvidor Nacional;

II – Diretor Social;

III – Diretor de Ensino.

Parágrafo único – O presidente poderá criar cargos, comissões e diretorias para auxiliá-lo na administração, bem como extingui-los.

Ao Presidente compete:

I – dirigir a ODB e representá-la em juízo ou fora dele, perante os poderes públicos e a sociedade; supervisionar todas as atividades da associação, assinar documentos, cumprir e fazer cumprir este Estatuto; e vetar decisões na esfera de sua competência.

II – dar posse às Diretorias Executiva Nacional, regionais e estaduais, aos Conselhos Consultivo, Deliberativo e Fiscal;

III – convocar e presidir as Assembleias Gerais;

IV - nomear Diretores entre os associados em pleno exercício de seus direitos;

V - presidir as reuniões da Diretoria Executiva Nacional e do Conselho Consultivo;

VI - organizar as pautas das reuniões da Diretoria Executiva Nacional e da Assembleia;

VII - assinar, juntamente com o tesoureiro, cheques, duplicatas, promissórias, cauções e demais documentos que impliquem em responsabilidade financeira ou patrimonial para a ODB;

VIII - assinar com os demais membros, no âmbito das suas respectivas atribuições, certificados de associados, carteiras funcionais, contratos, convênios, correspondências oficiais e outros documentos afins;

IX - nomear associados para voluntariamente auxiliar nos serviços da ODB e admitir e dispensar empregados, concedendo-lhes licenças e férias ou impondo penas disciplinares;

X - autorizar o pagamento de despesas, requisitar passagens e movimentar junto com o Diretor Financeiro (tesoureiro) as contas bancárias, assinando cheques, balanços e outros documentos pertinentes à administração financeira da ODB, prestando contas regularmente ao Conselho Fiscal conforme este lhe solicite;

XI - realizar aplicações financeiras básicas;

XII - encaminhar à Assembleia Geral, no final do mandato, balanço patrimonial e financeiro, com demonstração de receitas e despesas;

XIII - coordenar os trabalhos de elaboração do orçamento da ODB a serem submetidos à deliberação da Assembleia Geral;

XIV - licenciar-se do cargo;

XV - contratar funcionários; e

XVI - exercer outras atividades inerentes ao cargo, não expressas neste documento.

Ao Vice-Presidente compete:

I - substituir o Presidente em suas faltas ou impedimentos;

II - auxiliar o Presidente na execução e supervisão de todos os serviços da ODB;

III - executar atribuições delegadas pelo Presidente ou pela Assembleia Geral;

IV - licenciar-se do cargo;

IV - participar das reuniões, discutindo e votando a matéria em pauta.

Ao Secretário Geral compete:

I - substituir o Vice-Presidente, o Diretor Financeiro e o Diretor Social em suas faltas ou impedimentos;

II - coordenar e dirigir os serviços administrativos da secretaria da ODB;

III - lavrar e ler as atas das reuniões da Diretoria Executiva Nacional, das Assembleias Gerais e das reuniões conjuntas;

IV - licenciar-se do cargo;

V - ter sob sua guarda os livros da ODB, lavrando neles os termos de abertura e de encerramento juntamente com o Presidente.

Ao Diretor Financeiro compete:

I - substituir o Secretário Geral em suas faltas ou impedimentos;

II - efetuar os pagamentos de todas as obrigações da Associação;

III - acompanhar e supervisionar os trabalhos de contabilidade da Associação, contratados com profissionais habilitados, cuidando para que todas as obrigações fiscais e trabalhistas sejam devidamente cumpridas em tempo hábil;

IV - apresentar relatórios de receitas e despesas, sempre que forem solicitados;

V - apresentar o relatório financeiro para ser submetido à Assembleia Geral;

VI - apresentar semestralmente o balancete de receitas e despesas ao Conselho Fiscal;

VII - publicar anualmente a demonstração das receitas e despesas realizadas no exercício;

VIII - elaborar, com base no orçamento realizado no exercício, a proposta orçamentária para o exercício seguinte a ser submetida à Diretoria, para posterior apreciação da Assembleia Geral;

IX – conservar sob sua guarda e responsabilidade todos os documentos relativos à tesouraria e os papéis de crédito, documentos, bens e valores da ODB;

X – receber e anotar em livros próprios contribuições, doações ou rendimentos atribuídos à ODB, mantendo em dia a escrituração;

XI – apresentar ao Conselho Fiscal:

a) quando requisitado, informações e documentos contábeis e fiscais da ODB;

b) anualmente, o relatório e o balanço do exercício financeiro;

XII – endossar cheques para depositar e assinar, juntamente com o Presidente, os cheques emitidos para pagamentos autorizados, bem como contratos envolvendo valores;

XIII – analisar convênios e outros documentos que envolvam responsabilidades financeiras ou patrimoniais para a ODB;

XIV – preparar prestação de contas anual da Diretoria Executiva Nacional;

XV – depositar nas contas da ODB, em estabelecimentos bancários, as contribuições mensais dos associados, donativos ou valores advindos da participação da Entidade o em qualquer fonte ou operação financeira.

Parágrafo primeiro – Em sua falta ou impedimento, o Diretor Financeiro será substituído pelo Vice-Presidente.

Parágrafo segundo: O diretor financeiro poderá solicitar ao Presidente a contratação de Contador/Contabilista habilitado para auxiliá-lo e para assinar documentos contábeis.

Ao Diretor de Patrimônio, quando houver, compete:

I – administrar todo o patrimônio da ODB;

II – manter atualizado o inventário dos bens da ODB e consignar os bens de consumo duráveis;

III – dar baixa em bem, em caso de perecimento ou extravio, comunicando o fato imediatamente à Diretoria Executiva Nacional para as providências cabíveis;

Ao Diretor Nacional de Ensino cabe:

I – promover atividades de qualificação e reciclagem profissional e eventos culturais;

II – promover a realização de cursos e palestras para os associados e estreitar suas relações com outras entidades afins;

III – estimular a prática de estudo em todas as suas modalidades;

IV – elaborar e divulgar a programação anual de atividades de seu encargo;

V – presidir a Escola Nacional de Detetives, se houver.

Ao Diretor de Comunicação, quando houver, compete:

I – elaborar estudos, programas e projetos de comunicação social da Ordem dos Detetives do Brasil, coordenando a execução;

II – prestar assessoria ao Presidente da ODB, aos associados e conveniados, promovendo e divulgando as atividades da Entidade;

III – organizar e manter arquivo de notícias que digam respeito à ODB e associados;

IV – operar e conservar em bom estado de funcionamento os equipamentos de som, áudio e vídeo;

V – dar cobertura e assistência às atividades da ODB;

VI – administrar o site oficial da ODB e mídias sociais.

Ao Diretor Social compete:

I – organizar e dirigir o quadro social da ODB;

II – auxiliar o Presidente no contato com entidades públicas e privadas no interesse da Ordem dos Detetives do Brasil;

III – propor, para aprovação da Diretoria Executiva Nacional, serviços e benefícios aos associados, pela própria ODB ou por terceiros, sempre qualificados e cadastrados, desde que de interesse associativo;

IV – celebrar convênios para a ODB, após deliberação da Diretoria Executiva Nacional, compreendendo benefícios aos associados com clinicas médicas, odontológicas, redes de drogarias, óticas, hotéis, empresas de viagem e turismo, teatros, cinemas, companhias aéreas, restaurantes, editoras, livrarias, concessionárias, informática, entre outros;

V – superintender e fiscalizar as reuniões sociais;

VI – promover, organizar e coordenar eventos sociais e outras promoções compatíveis com o objetivo da ODB; e

VII – licenciar-se do cargo.

Ao Diretor Ouvidor Nacional compete:

I – organizar e dirigir a ouvidoria da ODB;

II – ser o elo dos detetives com os demais órgão da entidade, ouvindo e reduzindo a termo ideias e propostas, bem como reclamações e denúncias, e encaminhando-as ao órgão ou diretor competente, tanto de associados como de não associados;

III – a ouvidoria seguirá normativas do regimento interno;

IV – orientar e explicar assuntos já decididos, mas sem emitir parecer ou considerações próprias;

V – O cargo de diretor Ouvidor só existe na direção nacional da ODB.

SEÇÃO III
DA ORDEM DOS DETETIVES ESTADUAL

A Ordem dos Detetives do Brasil terá uma Ordem dos Detetives para cada um dos Estados do Brasil, que utilizará a nomenclatura Ordem dos Detetives de/do (nome do Estado) e a sigla ODB – (UF).

Parágrafo único – Para fins de nomenclatura neste Estatuto, todas as Ordens Estaduais serão chamadas simplesmente de Ordem dos Detetives Estadual ou Ordem Estadual.

A sede de cada Ordem dos Detetives Estadual será fixada na cidade domicílio do Presidente Estadual.

À Ordem dos Detetives Estadual incumbe exercer, no território respectivo, as funções e atribuições da Ordem, com igual número de diretores e cargos, e mesmas funções e mesmas regras, no âmbito de sua jurisdição e competência.

Parágrafo único – Não havendo número de detetives suficientes para a criação de Ordem Estadual ou para a ocupação dos cargos, o Presidente Nacional poderá unificar Estados, reduzir cargos, manter representantes ou avocar para a administração nacional as tarefas que seriam pertinentes a estas. Cada Ordem dos Detetives Estadual terá uma diretoria eleita por três anos em Assembleia Estadual dos Detetives que nela tenham inscrição, podendo haver reeleição, com mandatos de igual período ao da direção nacional.

A Ordem dos Detetives Estadual poderá requerer personalidade jurídica própria ao atingir 201 membros, desde que garantidas as condições de manutenção e autonomia financeira, porém, está sujeita às normas deste Estatuto e às Diretrizes da Ordem Nacional.

A eleição Estadual compreenderá Presidente e Vice estaduais e Conselho fiscal obrigatoriamente.

Os demais cargos serão de confiança do Presidente Estadual.

Nos casos de licença ou vaga, a própria Ordem Estadual elegerá o substituto para servir durante a licença ou até o fim do mandato.

Só poderão ser membros da diretoria da Ordem dos Detetives Estadual os Detetives que exerçam a profissão ininterruptamente, há mais de 5 anos, e que não tenham sidos condenados por infração disciplinar.

A exigência do parágrafo anterior será dispensada quando não houver Detetives com aquele requisito em número superior ao dobro dos que devam ser eleitos, exceto por infração disciplinar.

Será nomeado um Representante Estadual, pelo Presidente Nacional da ODB, quando o Estado não possuir condições, exauridas as tentativas, de formar uma Ordem dos Detetives Estadual ou em caso de intervenção.

A Ordem Estadual será formada a partir de 50 Detetives inscritos na área de sua abrangência, todos em dia com suas contribuições e poderá requerer autonomia a partir de 201 inscritos.

É vedado à Ordem dos Detetives Estadual utilizar-se de distintivos, insígnias, credenciais, porta-documentos e outros paramentos ou identificações que não sejam as oficiais adotadas pela ODB.

Conforme suas necessidades, poderá subdividir-se em seccionais. As seccionais responderão diretamente à Ordem dos Detetives Estadual que, por sua vez, é subordinada às diretrizes da ODB.

O Presidente Nacional da ODB poderá suspender o Presidente Estadual e/ou sua diretoria ou intervir na Ordem Estadual, em caráter emergencial, em caso de suspeita de malversação de recursos ou descumprimento deste Estatuto ou dos regimentos internos.

A suspensão/intervenção emergencial tem prazo de três meses e sua continuidade depende de votação da assembleia Estadual, cabendo recurso à assembleia Nacional.

Parágrafo único – Quando autônoma, com CNPJ próprio, a Ordem dos Detetives Estadual perceberá para suas atividades 60% (sessenta por cento) da receita correspondente a seus associados e ficará sujeita à prestação de contas ao Conselho Fiscal Estadual, obrigatoriamente, ao Conselho Fiscal Nacional, quando solicitado, e à previsão orçamentária. Quando não autônoma, receberá recursos conforme previsão orçamentária apresentada à tesouraria Nacional, até 30% de sua contribuição, podendo receber repasses quando comprovada a necessidade.

Em cada Estado será eleita uma Diretoria da Ordem dos Detetives Estadual, constituída e estruturada na forma dos parágrafos seguintes:

§1º – Para a nomeação das Diretorias Estaduais, é necessária a existência de, no mínimo, 50 (cinquenta) associados nos respectivos territórios.

§2º – As Diretorias Estaduais terão uma estrutura mínima, compreendendo: Diretor, Vice-Diretor, Secretário, Tesoureiro e Conselho Fiscal.

§3º – Havendo associados em número igual ou superior a 51 (cinquenta e um) na jurisdição, a eleição dos Diretores se dará por Assembleia Estadual que, convocada pela Diretoria nomeada cessante, será realizada observando-se por analogia o disposto neste Estatuto, podendo a diretoria ter os mesmos cargos que na configuração nacional.

§4º – Na impossibilidade de formar diretoria, o Estado terá designado ou eleito um representante, a critério da Presidência Nacional.

§5º – O principal objetivo de um representante Estadual sempre será tornar seu Estado uma Ordem Estadual.

Compete à Diretoria Estadual:

I – observar e fazer cumprir em sua jurisdição territorial as competências, proibições e atribuições da Diretoria Executiva Nacional da Ordem dos Detetives do Brasil, nos limites dispostos no Ato Executivo de sua constituição;

II - encaminhar à Diretoria Executiva Nacional as propostas de admissão de associados com domicílio em sua jurisdição;

III - propor ao Conselho Deliberativo da ODB alterações em seu Regimento Interno, respeitadas a estrutura mínima e demais disposições deste Estatuto;

IV - realizar Assembleia Estadual para tratar de assuntos de interesse local;

V - requerer a realização de Assembleia Geral conforme disposto neste Estatuto;

VI - propor à Diretoria Executiva Nacional a constituição, intervenção ou extinção de representação estadual;

VII - zelar pelos bens patrimoniais da ODB sob sua guarda e responsabilidade;

VIII - promover as eleições, observado o que dispõe este Estatuto;

IX - sugerir nomes para compor o Conselho Deliberativo da ODB;

X - requerer a abertura de sindicância para apurar infração ou irregularidade cometida por funcionário da ODB;

XI - representar pela abertura de procedimento ético disciplinar contra associado; e

XII - acionar qualquer órgão da ODB para tratar de assuntos de interesse da Diretoria Estadual;

XII - votar, através do Presidente Estadual, em conjunto com os demais presidentes de outros estados, na eleição para a presidência nacional e administração nacional.

Nos municípios com pelo menos 12 (doze) associados, poderão ser constituídas Subseções da Ordem dos Detetives Estadual.

§1º - A jurisdição territorial de atuação e a definição da competência e autonomia das Subseções serão baixadas pela Diretoria Executiva Estadual da ODB, no que couber.

§2º - A Subseção será representada por uma Diretoria com os mesmos cargos, no que couber.

§3º - Uma Subseção poderá abranger no máximo até 5 (cinco) municípios, desde que contem, cada um, com no mínimo 4 (quatro) associados.

SEÇÃO IV
DO CONSELHO FISCAL

O Conselho Fiscal, composto por 3 (três) membros titulares e 2 (dois) suplentes para um mandato de 3 (três) anos, tem por objetivo, indelegável, fiscalizar e dar parecer sobre todos os atos da gestão financeira da Diretoria Executiva Nacional da Ordem dos Detetives do Brasil, com as seguintes atribuições;

I - editar seu Regimento Interno;

II - examinar os livros de escrituração financeira e contábil da ODB;

III - opinar e dar pareceres sobre balanços e relatórios contábeis, como prevê este Estatuto, submetendo-os à Assembleia Geral Ordinária; e opinar sobre a aquisição, alienação e oneração de bens pertencentes à Associação;

IV - a aprovação das contas da entidade se dará por maioria absoluta do Conselho Fiscal e posterior aprovação na Assembleia Geral Ordinária.

Parágrafo único - A não aprovação das contas pelo Conselho Fiscal deve ser justificada, incluindo a indicação de solução a ser providenciada, se for o caso.

V - requisitar ao Diretor Financeiro, a qualquer tempo, a documentação comprobatória das operações econômico-financeiras realizadas pela ODB;

VI - acompanhar ou contratar o trabalho de eventuais auditores externos independentes;

V - convocar extraordinariamente a Assembleia Geral;

VII - ter um representante no Conselho Deliberativo da ODB;

VIII - requerer a abertura de sindicância para apurar infração ou irregularidade cometida por funcionário da ODB;

IX - requerer a abertura de processo ético-disciplinar contra associado.

Parágrafo único - O Conselho Fiscal reunir-se-á ordinariamente, uma vez por ano, no mês de março, em sua maioria absoluta, e extraordinariamente, sempre que convocado pelo Presidente da Associação ou pela maioria simples de seus membros.

SEÇÃO V
DO CONSELHO DELIBERATIVO

O Conselho Deliberativo da ODB, composto de associados eleitos em Assembleia Geral, é constituído de:

I - um representante da Diretoria Executiva Nacional;

II - um representante do Conselho Fiscal;

III - um representante de cada Ordem Estadual.

A duração do mandato dos integrantes será de 3 (três) anos.

§1° - O Conselho se reunirá duas vezes ao ano, ordinariamente, para discutir assuntos pertinentes à categoria e, se for o caso, encaminhá-los para votação em Assembleia e extraordinariamente por convocação de seu presidente.

§2° - A convocação da reunião será feita com mínimo de 15 (quinze) dias de antecedência, por edital afixado na sede da ODB ou veiculado no seu site oficial, indicando o local, data e hora, constando ainda a ordem do dia de forma específica.

§3° - As reuniões do Conselho serão realizadas, quando o caso permitir, mediante vídeoconferência ou teleconferência, gravadas em mídia digital.

Compete ao Conselho Deliberativo:

I - editar seu Regimento Interno;

II - conceder licenças para os seus membros;

III - conceder licenças e demissão aos membros das Diretorias Executiva Nacional e estaduais;

IV - julgar em primeira instância recursos contra decisões da Diretoria Executiva Nacional;

V - indicar os nomes dos associados para compor o Conselho de Ética e seus órgãos;

VI - requerer a abertura de processo ético-disciplinar contra associado;

VII - requerer a abertura de sindicância para apurar infração ou irregularidade cometida por funcionário da ODB;

VIII - homologar o Regimento Interno das Regionais Estaduais e Subseções;

IX - editar o regulamento para a entrega de honrarias pela Diretoria Nacional;

X - aprovar modificações nos símbolos de que trata o Art. 5º deste Estatuto;

XI - eleger seu presidente.

SEÇÃO VI
DO CONSELHO DE ÉTICA E DISCIPLINA

O Conselho de Ética e Disciplina é instância consultiva e deliberativa da Ordem dos Detetives do Brasil, composto por 5 (cinco) Conselheiros para um mandato de 3 (três) anos, indicados pelo Conselho Deliberativo entre os associados, não podendo dele participar membros das Diretorias Executiva Nacional e regionais, ou dos Conselhos Fiscal e Deliberativo.

§1º - O mandato dos seus membros coincidirá com o do Conselho Deliberativo, sendo permitidas reconduções.

§2º - Os membros do Conselho de Ética exercerão suas atividades sem prejuízo de outras prerrogativas e funções assumidas na ODB, salvo exceções regimentais.

Compete ao Conselho de Ética e Disciplina:

I - editar o primeiro Código de Ética;

II - editar o primeiro Código de Processo Ético Disciplinar, regulando o processo disciplinar;

III - receber e analisar os casos de denúncias de transgressões e infrações de conduta de associados relacionadas com o exercício profissional, emitindo parecer pelo seu arquivamento, ou recomendando sanção adequada ao caso.

O Conselho de Ética e Disciplina poderá instituir os seguintes órgãos:

- a Câmara Especial de Recursos; e
- as Câmaras Estaduais.

As Câmaras serão constituídas a critério do Conselho Deliberativo da ODB, sendo que seus componentes, pessoas reconhecidamente idôneas e de notório saber e conduta ilibada, serão também por si indicados.

O Conselho de Ética e Disciplina é autônomo, assim como suas decisões, não se vinculando ou se submetendo aos órgãos da ODB.

§1º – Pautará o Conselho de Ética sua atividade nas normas estampadas no seu regimento.

§2º – Todo o procedimento perante o Conselho de Ética, enquanto durar, correrá em sigilo, vedada qualquer publicidade que exponha, direta ou indiretamente, o investigado.

§3º – É garantido ao associado solicitar por escrito e com assinatura reconhecida em cartório, necessitando justificativa, ao Conselho de Ética e Disciplina sobre qualquer nome, se responde processo ético disciplinar.

§4º – A resposta ao disposto no parágrafo acima, para respeitar o sigilo indicado neste Estatuto, limitar-se-á a resposta simples de sim ou não, podendo o Conselho de Ética e Disciplina negar-se a responder.

§5º – O Conselho de Ética é o órgão encarregado de exigir a observância, pelos associados, dos princípios e das condutas éticas e técnicas previstas no Código de Ética.

§6º – O Conselho de Ética poderá, mantendo sigilo e sem efeito externo à entidade, abrir processo Ético referente a denúncias envolvendo detetives ou empresas de investigação que não constem nos quadros da ODB, mas ainda assim garantindo-se ampla defesa, se estes desejarem ou não julgar à revelia. O resultado, nesses casos, fica arquivado na entidade para consulta de qualquer associado que deseje saber se há algo desabonatório julgado procedente no âmbito interno da entidade, servindo tais atos para aceitar ou negar o ingresso na entidade. Não obstante, o Conselho de Ética e Disciplina pode negar-se a fornecer informações em respeito ao sigilo do órgão.

§7º – Os membros do Conselho de Ética são responsáveis pelo sigilo dos assuntos em tramitação no colegiado.

O Conselho de Ética e Disciplina reunir-se-á, sempre que necessário, por convocação do seu Presidente ou por iniciativa das Diretorias

Executiva Nacional e estaduais e dos Conselhos Fiscal e Deliberativo consignando-se em ata suas deliberações, ou por denúncia que venha a receber.

Parágrafo único – A ata das sessões de julgamento consistirá em uma exposição sumária dos trabalhos, nela devendo constar:

I – dia, mês e ano, horário de abertura e encerramento e local de sua realização;

II – os nomes do presidente e do secretário da sessão;

III – os nomes dos Conselheiros participantes e do Diretor, caso presente;

IV – o resumo das decisões adotadas, com indicação do processo, das partes, do Relator, do autor do voto vencedor, se for o caso, e dos representantes das partes que fizeram uso da palavra na sessão.

São atribuições do Presidente do Conselho de Ética:

I – presidir as reuniões e sessões plenárias do Conselho;

II – cumprir e fazer cumprir as disposições estatutárias e regimentais atinentes ao funcionamento do Conselho de Ética;

III – indicar o Conselheiro Relator;

IV – conceder medidas liminares e revogar as que tenha deferido;

V – decidir sobre o impedimento de integrante da respectiva Câmara, na forma regimental;

VI – apresentar ao Conselho Deliberativo propostas de aperfeiçoamento do Código de Ética.

SEÇÃO VII
DA COMISSÃO NACIONAL DE ENSINO E DA ESCOLA NACIONAL DE DETETIVES

A Comissão Nacional de Ensino será formada por 3 (três) detetives, indicados pelo Presidente da ODB, sendo obrigatório que tenham curso superior em qualquer área e mínimo de 10 (dez) anos de profissão, ou mínimo de 20 anos de profissão e segundo grau completo.

Compete à Comissão Nacional de Ensino incentivar o ensino profissional, especializações e eventos que visem ao aprimoramento do conhecimento dos detetives no país, independentemente de serem vinculados ou não à ODB, desde que mantenham padrão elevado.

O Diretor Nacional de Ensino é indicado pelo Presidente Nacional e coordena a Comissão Nacional de Ensino.

Parágrafo único – As diretrizes da Comissão Nacional de Ensino serão fixadas em estatuto próprio.

A Escola Nacional de Detetives – ENAD, quando houver, objetiva o preparo, o aperfeiçoamento técnico-científico, cultural e humanístico dos associados.

§1º – O Regimento da ENAD será fixado mediante resolução do Conselho Deliberativo por proposta da Comissão Nacional de ensino.

§2º – A direção da Escola ficará a cargo do Diretor Nacional de Ensino da ODB, que apresentará relatório anual de suas atividades ao Conselho Deliberativo.

§3º – A ODB poderá utilizar recursos financeiros oriundos da ENAD para o financiamento da realização de seu objetivo social, desde que salvaguardado as condições de funcionamento da ENAD.

Parágrafo único – O Conselho Fiscal é responsável por aprovar ou reprovar as contas da ENAD.

TÍTULO IV
DA INSCRIÇÃO E DEMISSÃO NOS QUADROS DA ODB

O quadro social da Ordem dos Detetives dos Brasil compor-se-á de um número ilimitado de pessoas físicas e jurídicas, regularmente formalizadas ou constituídas e operantes na atividade de investigação particular no Brasil, dividido em duas categorias.

- membros fundadores;
- membros efetivos.

§1º – São sócios (membros) fundadores perante este Estatuto os que assinaram a lista de presença da Assembleia de fundação e os que assinarem a Ata Histórica de Fundação.

§2º – São membros efetivos os profissionais que tiverem suas propostas aceitas pela Diretoria Executiva Nacional ou pela Diretoria Estadual da jurisdição do domicílio do associado.

Parágrafo único – O sócio fundador poderá usar como referência o distintivo de lapela de sócio fundador, composto de duas lupas cruzadas sobre fundo verde e amarelo.

Ao encaminhar o pedido de filiação, preenchido e assinado o requerimento padronizado, o interessado deverá juntar, além de uma foto 3×4 (de paletó e gravata) recente, cópia legível dos seguintes documentos:

I - AUTÔNOMOS:

- documento oficial de identificação (RG);
- cadastro de pessoas físicas (CPF);
- inscrição, licença municipal ou registro de autônomo;
- atestado de antecedentes/certidão negativa criminal;
- comprovante de endereço ou declaração de residência;
- diploma ou certificado de curso de Detetive;
- comprovante de escolaridade de segundo grau.

II - EMPREGADOS:

- documento oficial de identificação (RG);
- cadastro de pessoas físicas (CPF);
- cópia autenticada da carteira profissional (CTPS), parte do número, série, qualificação civil e do contrato de trabalho;
- atestado de antecedentes/certidão negativa criminal;
- comprovante de endereço ou declaração de residência;
- diploma ou certificado de curso de Detetive;
- comprovante de escolaridade de segundo grau.

III - EMPRESAS E SÓCIOS DE EMPRESAS:

- documento oficial de identificação (RG) do(s) sócio(s);
- Cadastro de Pessoa Física (CPF) do(s) sócio(s);
- atestado de antecedentes/certidão negativa criminal do(s) sócio(s);
- cópia do cartão do CNPJ;
- inteiro teor do ato constitutivo ou certidão do registrado na Junta Comercial;
- comprovante de escolaridade de segundo grau do(s) sócio(s).

§1º – A admissão ou permanência importa a total aceitação deste Estatuto.

§2º – O registro de empresa de investigação na ODB implica no registro de no mínimo um sócio detetive.

§3º – Quando um detetive registrado como autônomo, empregado ou sócio de empresa mudar de condição, ele terá o prazo máximo de 6 (seis) meses para comunicar a ODB e de 12 (doze) meses para requerer nova forma de registro.

§4º – Pelo período de 12 (doze) meses, prorrogáveis por mais 12 (doze) a critério do presidente nacional, e a contar da data de criação da ODB, serão aceitos detetives com instrução inferior ao segundo grau e certificados de qualquer curso de Detetive emitidos até a data da fundação da ODB, desde que de candidatos alfabetizados, reconhecendo-se a lacuna legal existente, a existência desses profissionais e validando no ambiente privado a condição semelhante ao direito adquirido.

§5º – Em todas as inscrições após o período estabelecido no parágrafo anterior será exigida a conclusão do segundo grau e certificado de curso de Detetive de entidades reconhecidas pela ODB.

§6º – Os Detetives referidos no parágrafo quarto terão prazo de até cinco anos a partir da inscrição para concluir o ensino fundamental de primeiro grau. Após esse período, caso não tenham finalizado essa modalidade de ensino, os detetives em questão serão exonerados automaticamente da ODB, sem direito a recurso.

§7º – São impedidos de ingressar no quadro de associados da ODB todos os Detetives que tenham, a qualquer tempo, se oposto à antiga CNPR (Comissão Nacional Pró-Regulamentação da Profissão de Detetive), à Lei n. 13.432/2017 e à criação da Ordem dos Detetives do Brasil, sendo o disposto neste parágrafo cláusula irrecorrível, mesmo à Assembleia Geral Nacional.

§8º – Não cabe à ODB, enquanto entidade privada, exigir documentos para fins de comprovação de pagamentos, quitações ou taxas que se refiram à União, aos estados ou municípios, mas tão somente para comprovar o efetivo exercício profissional, no interesse da entidade, podendo o Presidente Nacional e o Secretário Nacional, a critério, substituí-los por outros que cumpram a mesma finalidade.

§9º – Cabe ao Secretário Nacional aceitar ou impugnar documento que não esteja de acordo com o solicitado pela entidade, ou autorizar substituição por outro semelhante ou que cumpra o objetivo proposto pela exigência original, registrando o ato em documento na pasta do associado.

§10º – A aceitação de novos filiados depende da assinatura do Presidente Nacional da ODB, que poderá criar uma Comissão de Novos Filiados, com a única obrigação de auxiliá-lo e ao Secretário Nacional na análise, aprovação ou recusa de cada nova solicitação de ingresso no quadro social, em conformidade com este Estatuto. O nome do candidato a novo associado permanecerá por 30 dias no site da entidade, antes de ser aceito, dando-se publicidade, para que possa ser aprovado por todos ou havendo sócio que o recuse, seja apresentado moção de recusa à direção, para análise.

A demissão do quadro de associados dar-se-á:

a) de forma voluntária, a pedido do associado, por escrito e firma reconhecida;

b) de forma involuntária, por expulsão, quando por infração disciplinar a este Estatuto, à Ética ou às diretrizes da ODB para seus associados;

c) de forma compulsória, quando deixar de preencher os requisitos de inscrição, contribuição anual ou apresentar documentação falsa ou incompatível, ou quando condenado por crime na justiça brasileira.

SEÇÃO I
DOS DIREITOS

São direitos dos associados:

I – exercer a profissão com apoio da ODB, satisfeitas todas as exigências legais e estatutárias;

II – comparecer às Assembleias Gerais, votar e ser votado e outras disposições pertinentes deste Estatuto;

III – convocar, fundamentadamente, à Assembleia Geral, observadas as normas estatutárias;

IV – usufruir de orientação técnico-profissional, jurídica e outros benefícios e facilidades quando disponíveis, respeitadas as condições da entidade de oferecer ou não;

V – gozar de desconto mínimo de 5% (cinco por cento) em eventos, cursos e convênios patrocinados pela ODB;

VI – obter, por valor mínimo, a 2ª via da carteira funcional nas ocorrências de extravio, furto ou roubo, desde que comprove o registro policial pertinente;

VII – desligar-se a qualquer tempo do quadro social, mediante comunicação por escrito com firma reconhecida por tabelião ou escrevente autorizado;

VIII – recorrer de decisões do Presidente, da Diretoria Executiva Nacional e das Diretorias Regionais nos termos deste Estatuto;

IX – encaminhar aos órgãos da ODB assuntos de interesse da categoria; e

X – a partir de 65 anos, requerer a isenção do pagamento da contribuição social da entidade, desde que esteja há pelo menos seis anos afiliado aos quadros da ODB e em dia com as contribuições.

Parágrafo primeiro – Os direitos dos associados são pessoais e intransferíveis.

Parágrafo segundo – A aplicação do inciso "X" acima poderá ser revogado ou ativado pelo presidente da entidade a qualquer tempo, dependendo das condições financeiras da entidade, preservando o direito de manutenção dos que já estiverem em gozo do benefício, desde que não atinjam, somados, mais de 20% da receita da entidade.

Não há entre os associados direitos e obrigações recíprocas, tampouco responsabilização, seja ela subsidiária ou solidária, pelas obrigações ou deveres assumidos pela Ordem dos Detetives do Brasil.

SEÇÃO II
DOS DEVERES

São obrigações dos associados:

I - observar e cumprir as disposições estatutárias, os regimentos internos e o Código de Ética da ODB, bem como os regulamentos e as deliberações para sua execução, e defender a entidade e suas normas.

II - defender a Ordem dos Detetives do Brasil e:

- agir sempre de forma ética e respeitosa ao utilizar a credencial e o porta-documentos;
- preferir e, na medida do possível, trabalhar ou fazer parcerias com quem seja filiado à ODB antes de qualquer detetive de outra entidade;
- auxiliar a ODB na sua região ou nacionalmente sempre que solicitado na defesa dos interesses da classe e da entidade;

III - pagar, no prazo estipulado, a anuidade social;

IV - desempenhar bem os encargos para os quais tenham sido eleitos ou nomeados, prestando contas de seus atos;

V - votar nas eleições da ODB, respeitando o disposto neste Estatuto;

VI - zelar pelo patrimônio moral e material da Ordem dos Detetives do Brasil, denunciando ao órgão competente qualquer irregularidade de que tenham ciência;

VII - indenizar danos ou prejuízos que der causa em prejuízo da ODB, mesmo involuntariamente;

VIII - não usar ou distribuir para fins particulares o logotipo ou outro símbolo da ODB;

IX - colaborar na divulgação das campanhas, iniciativas e serviços da ODB, concorrendo para o sucesso das ações em proveito da categoria, dos associados e da coletividade;

X - comunicar alterações nos seus dados cadastrais;

XI - devolver a identificação e o porta-funcional quando, voluntária ou compulsoriamente, deixar os quadros da ODB;

XII -acatar as decisões da Assembleia Geral e dos demais órgãos da ODB.

TÍTULO V
DAS SANÇÕES DISCIPLINARES

Os associados estão sujeitos às seguintes penalidades, observada a ampla defesa e o contraditório:

I – advertência reservada;

II – suspensão; e

III – exclusão.

Será advertido, em caráter sigiloso, o associado que:

- desrespeitar ou menoscabar algum membro de órgãos da Ordem dos Detetives do Brasil, em assunto que diga respeito à sua função estatutária;
- comportar-se de modo inconveniente na sociedade, com cliente ou no ambiente associativo, virtual ou em evento patrocinado pela ODB, faltando ali com a cortesia ou elevação no trato com os demais associados ou convidados;
- tiver grave conduta reprovável, a juízo do Conselho de Ética.

A crítica, ainda que contundente, desde que respeitosa, não caracteriza infração disciplinar.

A suspensão será aplicada nas seguintes hipóteses:

I – reincidência em prática de ato anteriormente apenado com advertência;

II – atraso no pagamento da anuidade superior a 6 (seis) meses; e

III – prática de falta grave, assim considerada pelo Conselho de Ética.

A pena de exclusão será aplicada quando o associado:

I – perder o registro profissional ou licença de funcionamento, nas hipóteses legais e após trânsito em julgado da decisão;

II – inadimplemento de 2 (duas) anuidades, salvo se quitadas antes da Assembleia;

III – praticar falta grave, assim considerada pelo Conselho de Ética.

Parágrafo único – É permitido ao que tenha sofrido qualquer sanção disciplinar requerer, um ano após seu cumprimento, a reabilitação, em face de provas efetivas de bom comportamento. Não obstante, em se tratando de sanção disciplinar resultante da prática de crime, o pedido de reabilitação depende também da correspondente reabilitação criminal.

TÍTULO VI
DO PROCEDIMENTO DISCIPLINAR

O Conselho de Ética de ofício ou por petição, tomando conhecimento sobre conduta anômala ou irregularidade que envolva associado, apurará preliminarmente os fatos, decidindo, em até 30 (trinta) dias, se instaura procedimento administrativo disciplinar.

§1º - O procedimento poderá ser suscitado, ainda, por proposição ou denúncia das Diretorias Executiva Nacional e estaduais e dos Conselhos Consultivo e Deliberativo, a pedido do associado interessado ou de não sócio.

§2º - Instaurado o procedimento, o associado será cientificado para que se manifeste no prazo de 15 (quinze) dias, assegurando-lhe amplo direito de defesa.

§3º - Será facultado aos envolvidos apresentar até 3 (três) testemunhas cada na audiência do Conselho.

§4º - O Conselho, encerrado o prazo previsto no §2º deste artigo, terá 60 (sessenta) dias para concluir os trabalhos e informar o resultado às partes interessadas.

§5º - O procedimento correrá em sigilo até a proclamação da decisão do Conselho ou, sendo o caso de exclusão, a sujeição da deliberação à Assembleia Geral, só tendo acesso a ele as partes e seus procuradores.

§6º - É considerada válida e eficaz a notificação postal, com aviso de recebimento, acompanhada de cópia da peça inicial referida no §2º, dirigida ao endereço do associado, constante dos assentamentos de seu cadastro na Ordem dos Detetives do Brasil.

§7º - Prescreve em 180 (cento e oitenta) dias a pretensão punitiva, a contar do conhecimento do fato ou notificação.

Da decisão que aplicar pena de advertência ou de suspensão caberá recurso, com efeito suspensivo, para o Conselho de Ética e disciplina no prazo de 8 (oito) dias úteis, contados da ciência pelo apenado e para a Assembleia Geral, no prazo de 15 (quinze) dias úteis.

Parágrafo primeiro – A Assembleia Geral para análise do recurso previsto no caput deste artigo será convocada observando-se o prazo assinalado neste Estatuto. Julgado procedente o recurso, será tornada sem efeito a pena imposta, restabelecendo-se todos os direitos por ela atingidos.

Parágrafo segundo – Não haverá convocação específica para esse fim, e não será contado prazo, se já houver Assembleia Geral marcada no período de seis meses, ou, nada mais havendo para ser tratado que justifique a convocação de uma Assembleia, esta será convocada para seis meses do pedido de recurso.

Em caso de falta punível com pena de exclusão, instaurado o procedimento, o Conselho de Ética procederá à apuração dos fatos nos prazos e condições previstos neste Estatuto, elaborando no final dos trabalhos o seu parecer que será submetido à deliberação da Assembleia Geral.

Parágrafo único – A sessão da Assembleia Geral será extraordinária, sendo decretada a exclusão pela maioria dos presentes. Poderá ser requerida a revisão do processo administrativo que haja resultado em pena disciplinar, no mesmo prazo, quando forem aduzidos fatos ainda não conhecidos, comprobatórios da inocência do associado punido.

TÍTULO VII
DAS ELEIÇÕES

A primeira Eleição Geral da entidade ocorrerá no prazo de até um ano a partir da data de fundação, ficando a administração da entidade por esse período a cargo do primeiro presidente fundador e da diretoria nomeada, com finalidade de organizar a entidade, registrar associados e operacionalizar a ODB. A critério do Presidente Fundador, a ODB poderá promover eleições estaduais antecipadas ainda no prazo de organização.

A eleição para composição da Diretoria Executiva Nacional, do Conselho Fiscal e do Conselho Deliberativo da Ordem dos Detetives do Brasil será realizada dentro do prazo máximo de 90 (noventa) dias e mínimo de 30 (trinta) dias, antes do término do mandato vigente, observados os seguintes princípios:

I - convocação por edital, no site da ODB ou notificação pessoal que:

- mencione data, local e hora da votação;
- prazo para registro de chapas; e
- prazo para impugnação de candidatos;

II - as chapas conterão candidatos suficientes para o preenchimento dos cargos de Diretoria Executiva Nacional e dos Conselhos Fiscal e Deliberativo e respectivos suplentes;

III - sigilo e inviolabilidade do voto, garantidos pela utilização de cédula única e cabine indevassável para a votação;

§1º - Para votar é necessário que o eleitor esteja devidamente em dia com os cofres da ODB, satisfazendo ainda os seguintes requisitos:

- estar associado há pelo menos 2 (dois) anos, se candidato ao cargo de Presidente Nacional da ODB ou de vice;
- não estar respondendo ou ter sido condenado em processo ético disciplinar na ODB, se candidato a qualquer cargo.

A Comissão eleitoral será designada.

Na data prevista no edital, a Mesa da Assembleia Geral receberá os votos dos associados, realizados de forma personalíssima, direta e secreta, processados na forma de voto presencial. Nos estados, as votações estarão a cargo da Comissão Eleitoral Estadual criada para este fim.

A modalidade de voto por e-mail não pode ser utilizada para eleições, sendo permitida, porém, para decisões sobre assuntos de consulta nacional que não seja vinculada a qualquer processo eleitoral.

O voto será declarado nulo quando, por qualquer forma, não possibilitar a identificação do candidato ou for dado à chapa não registrada ou cassada.

Havendo mais de um voto do mesmo associado, será considerado válido aquele que for computado primeiramente pela Mesa da Assembleia.

Os representantes da administração nacional serão eleitos pelo voto dos Presidentes Estaduais, ou seu substituto legal, em eleição realizada em até 30 (trinta) dias após as eleições estaduais.

Parágrafo único – O Presidente do Conselho Fiscal da Ordem dos Detetives do Brasil presidirá os trabalhos eleitorais ao longo do pleito, votação, apuração e proclamação da chapa vencedora.

CAPÍTULO I
DO REGISTRO DAS CHAPAS

O registro das chapas concorrentes será feito até 20 (vinte) dias antes da realização das eleições, através de solicitação escrita, com contrarrecibo, dirigida ao Presidente Nacional da ODB, em formulário próprio que estará à disposição de todos os associados natos e efetivos, contendo a relação dos cargos eletivos, nomes e assinaturas dos respectivos candidatos com firma reconhecida, em duas vias, não sendo permitida a inscrição de chapas incompletas e do mesmo candidato em duas chapas.

§1º – A identificação da chapa corresponderá ao número de ordem da inscrição da mesma, vedadas outras denominações.

§2º – Após o prazo de inscrição das chapas, será permitida a substituição, desde que o candidato substituto preencha as exigências estatutárias, de qualquer um de seus componentes que manifestar desejo de não mais concorrer ou ficar impossibilitado por qualquer outro motivo, ficando esse associado impedido de integrar outra chapa anteriormente inscrita.

§3º – Quando concorrer somente uma chapa a eleição será por aclamação, feita em Assembleia Geral Ordinária convocada nos termos deste Estatuto.

Em até 48 (quarenta e oito) horas após o encerramento do prazo para apresentação de chapas, a Secretaria da ODB, por meio de edital afixado no quadro de avisos e publicado no site oficial da Entidade, informará a todos os associados a composição das chapas concorrentes.

Art. 58 – Os procedimentos de análise das chapas concorrentes registradas e o julgamento de impugnações e de recursos obedecerão ao que for disposto em Regulamento Eleitoral

CAPÍTULO II
DA APURAÇÃO

A contagem dos votos será feita por chapa, vencendo aquela que obtiver maior número de votos.

Parágrafo único – Em caso de empate, vencerá a chapa cujo candidato à Presidência da Diretoria Executiva Nacional for mais antigo, aferindo-se a antiguidade pela data de afiliação à ODB.

Antes do início da votação, os fiscais escolhidos pela Presidência da Mesa da Assembleia Geral Ordinária abrirão a urna, examinando-a minuciosamente, mostrando aos presentes que a mesma se encontra vazia e, em seguida, fechá-la-ão com lacre para garantia de sua inviolabilidade. Após isso, o lacre será rubricado pelos fiscais.

Os candidatos à Presidência da Diretoria Executiva Nacional deverão indicar cada um, em momento oportuno, o nome de 1 (um) associado que exercerá, durante a votação, a função de fiscal da respectiva chapa.

CAPÍTULO III
DO VOTO

O associado eleitor, se identificando perante a Mesa da Assembleia Geral Ordinária, após assinar a lista de presença, receberá uma cédula rubricada e dobrada, dirigindo-se em seguida à cabine indevassável onde depositará seu voto na urna.

Parágrafo único – A votação terá a duração de 3 (três) horas improrrogáveis. Durante a votação, o Presidente da Mesa deverá deliberar as impugnações apresentadas, comunicando-as aos fiscais presentes.

Terminada a votação, procederá, publicamente, a contagem dos votos.

Ao final da contagem dos votos, computados por último os votos não presenciais, o resultado final será anotado em extrato de apuração que será rubricado por 2 (dois) fiscais convocados pelo Presidente da Mesa Eleitoral que, por sua vez, apondo sua assinatura no documento, proclamará a chapa vitoriosa.

CAPÍTULO IV
DA POSSE DOS ELEITOS

Os associados eleitos para as Diretorias Executiva Nacional e estaduais e para os Conselhos Fiscal e Deliberativo serão considerados automaticamente empossados no último dia do mandato dos antecessores.

Parágrafo único – A posse poderá ocorrer em sessão solene, na sede da Ordem dos Detetives do Brasil ou em outro recinto, a critério da Diretoria Executiva Nacional iniciante.

Se a eleição não for realizada em virtude de decisão judicial, os mandatos dos integrantes dos órgãos de direção serão prorrogados automaticamente, até a posse dos eleitos.

A Diretoria Executiva Nacional fica incumbida da elaboração do Regulamento Eleitoral, que não poderá ser modificado antes da realização do pleito, cabendo-lhe ainda emitir os diplomas aos Dirigentes eleitos em Assembleia.

CAPÍTULO V
DA PERDA DO MANDATO

O componente de órgãos da Ordem dos Detetives do Brasil perderá o mandato nos casos de:

I – malversação ou dilapidação do patrimônio da Entidade;

II – grave violação deste Estatuto;

III – abandono do cargo; e

IV – condenação, transitada em julgado, pela prática de crime.

§1° – Considera-se abandono de cargo a ausência, sem causa justa, a 3 (três) sessões consecutivas do órgão ao qual faça parte, ou cinco alternadas.

§2° – O(s) membro(s) das Diretorias Executiva Nacional e estaduais ou dos Conselhos Fiscal, Consultivo, Deliberativo e de Ética que for(em) destituído(s), nos termos do parágrafo anterior, não poderá(m) ser(em) eleito(s) ou nomeado(s) para qualquer mandato de administração ou de representação, pelo prazo de 5 (cinco) anos.

A perda do mandato no caso do crime do inciso IV do artigo anterior será imposta transitada em julgado a decisão condenatória, independente do trâmite de procedimento administrativo na instituição.

CAPÍTULO VI
DO AFASTAMENTO

Em caso de licença, afastamento ou impedimento de componente de órgãos da estrutura da Ordem dos Detetives do Brasil, assumirá o cargo automaticamente e de pleno direito o substituto previsto neste Estatuto.

CAPÍTULO VII
DA JUNTA GOVERNATIVA

Em caso de renúncia coletiva, não havendo mais suplentes, o Presidente da Ordem dos Detetives do Brasil, ainda que resignatário, fará a convocação de Assembleia Geral, para eleição de Junta Governativa, composta de três membros, a saber:

I - Presidente:

II - Secretário; e

III - Tesoureiro.

§1º - A Junta Governativa, constituída nos termos deste artigo, estará automaticamente empossada, imediatamente após sua eleição.

§2º - A Junta Governativa adotará as providências cabíveis e necessárias para a realização de novas eleições e as convocará no prazo máximo de 120 (cento e vinte) dias.

§3º - Se nenhum dos renunciantes, na ordem sucessória estabelecida neste Estatuto, houver por bem convocar a Assembleia Geral, qualquer membro da ODB, em dia com suas obrigações sociais, estará autorizado a fazê-lo.

TÍTULO VIII
DO PATRIMÔNIO E DA RENDA

O Patrimônio da Ordem dos Detetives do Brasil é constituído por todos os bens e direitos que possui ou venha a possuir.

A receita da ODB é formada:

- pela taxa de afiliação;
- pela anuidade dos associados;
- por verbas provenientes de taxas de inscrições, relacionadas a cursos, palestras, eventos, simpósios e reuniões, desde que voltadas para seu objeto social e com objetivo de suportar os custos inerentes aos mesmos;
- por verbas recebidas pela Ordem dos Detetives do Brasil originadas de produtos vendidos e que digam respeito às atividades profissionais dos associados, como selos, formulários, adesivos, agendas, camisetas, broches, porta-funcionais, carteiras de identificação, manuais e livros técnicos; sempre com objetivo de cobrir os custos de produção; e
- por verbas, dotações ou subvenções eventuais, diretamente da União, dos estados e municípios ou através de órgãos Públicos da Administração direta e indireta; auxílios, contribuições e subvenções de entidades públicas e privadas, nacionais ou estrangeiras; doações ou legados; produtos de operações de crédito, internas ou externas, para financiamento de suas atividades; rendimentos decorrentes de títulos, ações ou papéis financeiros de sua propriedade; rendas em seu favor constituídas por terceiros; usufruto que lhes forem conferidos; juros bancários e outras receitas de capital; e valores recebidos de terceiros em pagamento de serviços ou produtos.

Parágrafo único – Os bens móveis, de consumo durável, serão inventariados e numerados, sendo seu estado objeto de periódica revisão.

A despesa não poderá exceder a receita prevista no orçamento, a não ser com a expressa autorização da Assembleia Geral, devendo todos os resultados financeiros, inclusive os que eventualmente provenham de superávit dos serviços e materiais tratados nos artigos anteriores, serem utilizados em favor do quadro de associados e com os objetivos delineados neste Estatuto.

O exercício financeiro coincidirá com o ano-calendário.

Parágrafo único – As rendas da Associação somente poderão ser realizadas para a manutenção de seus objetivos.

TÍTULO IX
DA FORMALIZAÇÃO DO ATO ADMINISTRATIVO

São atos administrativos no âmbito interno da Ordem dos Detetives do Brasil:

I – de competência privativa:

- do Presidente Nacional: Ofício e Ato Executivo;
- dos demais membros da Diretoria Executiva Nacional: Ofícios e Instruções Normativas;
- dos Conselhos Fiscal, Consultivo e Deliberativo: a Deliberação;
- do Conselho de Ética: Deliberação, Enunciado e Súmula;

II – de competência comum:

- aos Diretores Estaduais dos Estados e do Distrito Federal: Ofícios e Instruções Executivas;
- aos Dirigentes nomeados: Ofícios e Recomendação.

§1º – Os atos administrativos, em qualquer dos órgãos da ODB, serão numerados em séries próprias, com renovação anual, identificando-se pela sua denominação, seguida da sigla do órgão ou função que os tenha expedido.

Os atos administrativos produzidos por escrito indicarão a data e o local de sua edição, e conterão a identificação nominal, funcional e a assinatura do Diretor ou dos Diretores responsáveis.

Os atos de conteúdo normativo e os de caráter geral serão numerados em séries específicas, seguidamente, sem renovação anual.

Os regulamentos internos serão editados segundo a competência de cada órgão, observadas as seguintes regras:

I – nenhum regulamento poderá ser editado sem base no presente Estatuto ou contrariá-lo, nem prever infrações, sanções, deveres ou condicionamentos de direitos nele não estabelecidos;

II – os atos executivos serão referendados pelos Dirigentes da ODB, cuja área de atuação devam incidir; e

III – nenhum ato será editado sem exposição de motivos que demonstre seu fundamento e a finalidade das medidas adotadas.

CAPÍTULO I
DA PUBLICIDADE

Os atos administrativos, inclusive os de caráter geral, entrarão em vigor na data de sua publicação no site oficial da ODB, salvo disposição expressa em contrário.

Parágrafo único – A publicação dos atos sem conteúdo normativo poderá ser resumida.

CAPÍTULO II
DA DELEGAÇÃO E DA AVOCAÇÃO

Salvo vedação regimental, os Diretores poderão delegar a seus subordinados a prática de atos de sua competência ou avocar os de competência destes.

São indelegáveis, entre outras hipóteses decorrentes de normas específicas:

I – a competência para a edição de atos normativos que regulem direitos e deveres dos associados;

II – as atribuições inerentes ao caráter político do dirigente;

III – as atribuições recebidas por delegação, salvo autorização expressa e na forma por ela determinada;

IV – a totalidade da competência do órgão; e

V – as competências essenciais do órgão que justifiquem sua existência.

Parágrafo único – Os órgãos colegiados não podem delegar suas funções, mas apenas a execução material de suas deliberações.

CAPÍTULO III
DA INVALIDAÇÃO

São inválidos os atos administrativos que desatendam os preceitos estatutários, regimentais e legais, ou os princípios da ODB, especialmente nos casos de:

I – incompetência do dirigente ou órgão de que emane;

II – omissão de formalidades ou procedimentos essenciais;

III – impropriedade do objeto;

IV – inexistência do motivo de fato;

V – desvio de poder; e

VI – falta ou insuficiência de motivação.

Parágrafo único – Nos atos administrativos será razão de invalidade a falta de correlação lógica entre o motivo e o conteúdo do ato, tendo em vista sua finalidade.

A motivação indicará as razões que justifiquem a edição do ato, especialmente a regra de competência, os fundamentos de fato e de direito e a finalidade objetivada.

Parágrafo único – A motivação do ato no procedimento administrativo poderá consistir na remissão a pareceres ou manifestações nele proferidos.

A administração da ODB anulará seus atos inválidos, de ofício ou por provocação do associado interessada, salvo quando:

I – ultrapassado o prazo de 2 (dois) anos contado de sua produção;

II – da irregularidade não resultar qualquer prejuízo ao associado; e

III – forem passíveis de convalidação.

A administração da ODB poderá convalidar seus atos inválidos, quando a invalidade decorrer de vício de competência ou de ordem formal, desde que:

I – na hipótese de vício de competência, a convalidação seja feita pela autoridade titulada para a prática do ato, e não se trate de competência indelegável; e

II – na hipótese de vício formal, este possa ser suprido de modo eficaz.

§1º - Não será admitida a convalidação quando dela resultar prejuízo à ODB ou a terceiro ou quando se tratar de ato impugnado.

§2º - A convalidação será sempre formalizada por ato motivado.

CAPÍTULO IV
DOS RECURSOS

Todo associado ou órgão que for afetado por decisão administrativa poderá dela recorrer, em defesa de seus interesses.

Quando norma estatutária ou regulamento não dispuser de modo contrário, será competente para conhecer o recurso o órgão imediatamente superior àquele que praticou o ato.

São irrecorríveis, na esfera administrativa da Ordem dos Detetives do Brasil, os atos de mero expediente ou preparatórios de decisões.

Contra decisões tomadas originariamente pelo Presidente da ODB, pela Diretoria Executiva Nacional ou pelos Diretores Estaduais, caberá pedido de reconsideração que não poderá ser renovado.

Parágrafo único - O pedido de reconsideração só será admitido se contiver novos argumentos, e será sempre dirigido ao Diretor que houver expedido o ato ou proferido a decisão.

A petição de recurso observará os seguintes requisitos:

I - será dirigida à autoridade recorrida e protocolada no órgão a que esta pertencer;

II - trará a indicação do nome completo, matrícula e endereço do associado; e

III - conterá exposição, clara e completa, das razões da inconformidade.

Salvo disposição em contrário, o prazo para apresentação de recurso ou pedido de reconsideração será de 5 (cinco) dias contados da publicação ou notificação do ato.

Conhecer-se-á o recurso erroneamente denominado ou endereçado quando de seu conteúdo resultar induvidosa a impugnação do ato.

O recurso será recebido no efeito meramente devolutivo, salvo quando:

I - houver previsão regimentar em contrário; e

II – além de relevante seu fundamento, da execução do ato recorrido, se provido, puder resultar a ineficácia da decisão final.

Parágrafo único – Na hipótese do inc. II, o associado recorrente poderá requerer, fundamentadamente, em preliminar de recurso, a concessão do efeito suspensivo.

Esgotados os recursos, a decisão final tomada em procedimento administrativo formalmente regular não poderá ser modificada pela ODB, salvo por anulação ou revisão, ou quando o ato, por sua natureza, for revogável.

TÍTULO X
DAS DISPOSIÇÕES FINAIS, GERAIS E TRANSITÓRIAS

Anualmente, no dia 26 de julho, a Ordem dos Detetives do Brasil comemorará o Dia do Detetive Particular.

Sendo uma entidade de abrangência nacional, as reuniões de quaisquer órgãos fiscais ou administrativos da ODB serão, quando o caso permitir, realizadas mediante vídeoconferência ou teleconferência, gravadas em mídia digital sempre que possível, com as devidas atas. As atas poderão ser assinadas digitalmente, referendadas pelo conselho fiscal quando houver gravação digital das mesmas, ou reconhecidas como válidas por outro meio aceito pela entidade.

Os sócios e dirigentes da Ordem dos Detetives do Brasil não respondem solidária nem subsidiariamente pelas obrigações da Entidade.

A ODB é composta por número ilimitado de sócios.

Parágrafo único – A primeira Assembleia Geral da ODB, composta por seus fundadores, designará comissão para elaborar regimento interno.

O Conselho de Ética e Disciplina e o Conselho Fiscal elegerão seus presidentes na primeira reunião subsequente à escolha dos membros.

Os cargos dos órgãos de administração da Associação não são remunerados, seja a que título for, ficando expressamente vedado por parte de seus integrantes o recebimento de qualquer lucro, gratificação, bonificação ou vantagem e o uso de seus cargos como vantagem publicitária ou na concorrência de mercado.

Parágrafo único – As despesas no exercício do mandato, desde que autorizadas pelo regimento interno, são passiveis de reembolso e não são consideradas como remuneração.

Os funcionários que forem admitidos para prestarem serviços profissionais à Associação serão regidos pela Consolidação das Leis Trabalhistas.

O quórum de deliberação será de 2/3 (dois terços) da Assembleia Geral, em reunião extraordinária, para as seguintes hipóteses:

- alteração do Estatuto;
- alienação de bens imóveis e gravação de ônus reais sobre os mesmos;
- aprovação de tomada de empréstimos financeiros de valores superiores a cem (100) salários mínimos;
- afastamento definitivo de chapa eleita, após já haver tomado posse;
- extinção da Associação.

Decidida a extinção da Associação, seu patrimônio, após satisfeitas as obrigações assumidas, será incorporado ao de outra Associação congênere, a critério da Assembleia Geral, ou a entidade de caridade, sendo vedada a divisão entre sócios remanescentes. Caso seja extinta pela criação de autarquia da profissão, após quitados os compromissos, passa-se todo o patrimônio, ativos e arquivos para a autarquia.

É vedado, por incompatibilidade, que qualquer associado que exerça função na ODB exerça no mesmo período função em qualquer outra entidade congênere.

O exercício financeiro da Associação coincidirá com o ano civil.

O orçamento da ODB será uno, anual e compreenderá todas as receitas e despesas, compondo-se de estimativa de receita, discriminadas por dotações e discriminação analíticas das despesas, de modo a evidenciar sua fixação para cada órgão, projeto ou programa de trabalho.

Os casos omissos serão resolvidos pela Diretoria executiva e referendados ou anulados pela Assembleia Geral, ficando eleito o foro da Comarca de Brasília para sanar possíveis dúvidas.

São nulos de pleno direito os atos praticados pelos Dirigentes da ODB de maneira isolada, sem conhecimento prévio, fora de suas atribuições estatutárias e regimentais ou ainda com mau uso do CNPJ, em especial atos que se revestem de conteúdo creditício, respondendo o gestor que os praticar às penas previstas neste Estatuto, nos termos regulamentares, sem prejuízo da responsabilidade e direito de regresso na esfera cível e criminal.

A reintegração será processada da mesma forma que a admissão, removidas as razões que levaram o associado a se desligar ou ser desligado da ODB.

Não será concedida assistência jurídica ao associado para propor ações ou defender interesses que não estejam relacionados com o exercício da profissão de detetive particular.

Nenhum parente, consanguíneo ou afim, até o quarto grau, nem o cônjuge, companheiro de associado ou de ocupante de cargo de direção em entidade sindical de qualquer grau, poderá ser empregado celetista da Ordem dos Detetives do Brasil.

A ODB poderá homenagear seus associados e outras pessoas, entidades e organizações, através de comendas, láureas, diplomas, troféus e prêmios específicos, conferidos conforme regulamentos aprovados pelo Conselho Deliberativo.

O descumprimento injustificado dos prazos previstos neste Estatuto pelos Dirigentes da ODB gera responsabilidade disciplinar, não implicando, necessariamente, em nulidade do procedimento.

§1º – Respondem também os superiores hierárquicos que se omitirem na fiscalização dos serviços de seus subordinados, ou que de algum modo concorram para a infração.

§2º – Os prazos concedidos aos sócios poderão ser devolvidos, mediante requerimento do associado, quando óbices injustificados, originados pelos órgãos da ODB, resultarem na impossibilidade de atendimento do prazo fixado.

A contribuição anual poderá ser paga em 3 (três) parcelas mensais iguais ou de uma só vez, sendo a primeira no mês de janeiro de cada ano. A credencial é anualmente entregue no mês de abril, já com a anuidade quitada.

Parágrafo único – O valor da taxa de afiliação corresponde à metade do valor total da anuidade.

A distribuição da receita na proporção de 40% para administração nacional e de 60% para a administração estadual não autônoma se dará por reembolso de despesas autorizadas ou previstas no relatório anual e por repasse direto, quando a estadual obtiver autonomia, com CNPJ próprio.

Parágrafo primeiro – A Estadual, ainda que autônoma, deverá submeter as contas ao Conselho Fiscal Estadual e enviá-las para consideração do Conselho Fiscal Nacional.

Parágrafo segundo – O fluxo financeiro das anuidades será sempre da Ordem Estadual para a Nacional, já com a distribuição acima realizada, e deverá ser efetuada até o quinto dia útil do mês seguinte, sob pena de multa de 10% (dez por cento).

Parágrafo terceiro – O atraso de mais de 60 dias em qualquer repasse de direito da ODB constitui falta gravíssima e sujeita a Ordem Estadual à advertência ou intervenção.

É assegurado às Diretorias Executiva Nacional e estaduais da ODB o reembolso de despesas devidamente comprovadas para o exercício de suas funções, desde que aprovadas com antecedência pela tesouraria e que haja a devida provisão de fundos.

Dispositivos que criarem, modificarem ou extinguirem cargos estatutários obrigatórios terão eficácia na eleição que se seguir à respectiva proposta de alteração deste Estatuto.

O presente Estatuto entrará em vigor na data de sua averbação perante o Oficial de Registro de Títulos e Documentos e Civil de Pessoa Jurídica do Distrito Federal, como prevê a lei.

Brasília, 20 de março de 2018
Presidente Nacional
Vice-Presidente Nacional
Presidente do Conselho Fiscal
Tesoureiro Nacional
Secretário Nacional
Advogado

Fonte: ODB, 2018a.

Conforme é possível perceber, o Estatuto visa regulamentar a Ordem dos Detetives do Brasil, assim como normatizar, representar, defender e fiscalizar a profissão de detetive particular em todo o território brasileiro, no âmbito exclusivo de seus associados e dos interesses profissionais destes, como o próprio documento estabelece.

Ainda no segundo congresso, foi comunicado que seriam promovidas eleições nacionais e estaduais para a próxima administração, o que ocorreria ainda em junho de 2018. No entanto, tanto o Cartório de Registros como a Receita Federal tardaram em liberar os documentos da ODB – o primeiro por solicitar, em todo o estatuto, a mudança de apenas uma palavra; a segunda, por solicitar duas vezes o mesmo documento. Ambos os órgãos públicos não causaram nenhum problema ou estresse, mas trouxeram morosidade ao processo. Atualmente, ainda estamos aguardando a liberação do CNPJ. Dessa forma, as eleições foram transferidas para depois das inscrições, pelo motivo óbvio de que só podem concorrer e votar membros devidamente inscritos.

Para que a categoria seja efetivamente normatizada, precisam ser aprovados o Estatuto e o Código de Ética Profissional, a fim de que sejam garantidos os direitos à segurança jurídica, social, econômica e política, necessários a toda e qualquer categoria profissional.

No Segundo Congresso Nacional dos Detetives Particulares, para que os participantes pudessem contribuir com sugestões e ideias, foi aberta a **Tribuna Livre**. Nela, os participantes abordaram temas tratados no evento e sugeriram novos tópicos de discussão, como preocupações referentes à profissão. Os que fizeram uso da palavra, elogiaram a luta e sugeriram alguns caminhos para que os resultados positivos sejam potencializados.

O encerramento do congresso aconteceu com uma das maiores integrações entre detetives particulares do Brasil já realizada, o que motivou a organização da terceira edição do evento para março de 2019. Nessa ocasião, será lançada a Fenad, entidade sindical que será organizada pelo detetive paulista Décio Freitas com o apoio do detetive André Luis – um estudioso das questões sindicais.

Conforme é possível perceber, o Segundo Congresso dos Detetives Particulares foi um momento decisivo para a categoria, visto que proporcionou a discussão e, posteriormente, o consenso sobre a criação de novos documentos para orientar e normatizar a profissão.

Considerações finais

Nesta obra, apresentamos a luta da classe dos detetives particulares pelo reconhecimento da profissão no Brasil.

No Capítulo 1, contextualizamos brevemente a profissão de detetive particular. A fim de desconstruir o estereótipo do profissional estabelecido pela ficção, apresentamos inicialmente três personagens detetives, a saber: Sherlock Holmes, Hercule Poirot e Miss Marple. Na sequência, apresentamos as contribuições dos detetives Eugéne-François Vidocq e Allan Pinkerton para a edificação da profissão ainda no século XIX. No cenário nacional, destacamos os préstimos dos detetives Joaquim Ganância, Evódio Eloísio de Souza e Maria Angeles Bekeredjan – a detetive Ângela.

No Capítulo 2, demonstramos qual a realidade do detetive particular no Brasil, que ainda não apresenta uma atuação muito expressiva se comparado a outras profissões. Também elucidamos o perfil da categoria, como nível de escolaridade e tipo de atuação (autônomo, funcionário de agência, dono de agência etc.), e suas principais reivindicações para a melhoria da profissão, como a liberação do porte de arma e a criação da Carteira Funcional Nacional para a classe.

No Capítulo 3, revelamos a trajetória de luta da categoria, iniciada ainda em 2010 com a criação da Comissão Nacional Pró-Regulamentação da Profissão de Detetive (CNPRD). Conforme demonstramos, após muitos anos de luta, a classe dos detetives particulares conseguiu, em 2017, a aprovação da Lei do Detetive Particular (Brasil, 2017a), embora alguns artigos e incisos tenham sido vetados.

No Capítulo 4, demonstramos como foi o Primeiro Congresso Nacional dos Detetives do Brasil, cuja pauta principal foi a votação do Projeto de Lei Complementar (PLC) n. 106/2014 (Brasil, 2014). Um mês depois, foi aprovada a Lei do Detetive Particular, motivo pelo qual a abordamos na sequência, esclarecendo cada um dos vetos determinados.

Por fim, no Capítulo 5, demonstramos como foi o Segundo Congresso Nacional dos Detetives do Brasil, cuja pauta foi a estruturação e a organização da categoria. Nele, apontamos as principais propostas lançadas no evento, como a criação da Ordem dos Detetives do Brasil (ODB) e da Federação dos Detetives do Brasil (Fenad). Também apresentamos o Estatuto Provisório da ODB, a fim de divulgar o que se pretende adotar como regimento interno da categoria.

Conforme apresentado ao longo desses cinco capítulos, esta obra representa a força da união de uma categoria cuja luta – que teve início em uma reunião informal entre três amigos – não acaba aqui, pois ainda há muito a se conquistar, com o apoio e o reconhecimento da sociedade.

Referências

ABE, L. Morre detetive que investigou mais de 7.000 mil casos em 50 anos de carreira. **Eu nem Sabia...**, 21 nov. 2013. Disponível em: <https://eunemsabia.com.br/2013/11/morre-detetive-que-investigou-mais-de-7-000-casos-em-50-anos-de-carreira.html>. Acesso em: 21 jun. 2018.

AGATHA Christie's Poirot. Direção: Edward Bennett et al. Reino Unido: A&E Television Networks, 1989-2013. 100 min. (14 episódios); 50 min. (36 episódios); 90 min. (20 episódios). TV Series.

ANADIP – Associação Nacional dos Detetives e Investigadores Privados do Brasil. **Secretário da micro e pequena empresa recebe comissão de detetives em Brasília**. 29 maio 2015. Disponível em: <http://anadipbrasil.org.br/secretario-da-micro-e-pequena-empresa-recebe-comissao-de-detetives-em-brasilia/>. Acesso em: 17 jul. 2018.

ARTHUR CONAN DOYLE. Disponível em: <http://www.arthurconandoyle.com/#>. Acesso em: 21 jun. 2018.

BERNARDO, A. Os 10 maiores detetives da ficção. **Superinteressante**, Mundo Estranho, 8 jul. 2016. Cinema. Disponível em: <https://mundoestranho.abril.com.br/cinema/os-10-maiores-detetives-da-ficcao/>. Acesso em: 21 jun. 2018.

BONALUME NETO, R. A influência de Sherlock Holmes na cultura pop e na TV. **Folha Digital**, 1º fev. 2015. Disponível em: <https://www1.folha.uol.com.br/ilustrissima/2015/02/1583555-a-influencia-de-sherlock-holmes-na-cultura-pop-e-na-tv.shtml>. Acesso em: 23 jul. 2018.

BRASIL. Assembleia Legislativa. **Projeto de Lei Complementar PLC n. 106/2014**. 24 nov. 2014. Dispõe sobre o exercício da profissão de detetive particular. Disponível em: <https://www25.senado.leg.br/web/atividade/materias/-/materia/119011>. Acesso em: 9 jul. 2018.

BRASIL. Congresso Nacional. **Projeto de Lei n. 1.211, de 2011**. 3 maio 2011. Dispõe sobre a profissão de detetive particular, cria o Conselho Federal de Detetives do Brasil e os Conselhos Regionais de Detetives e dá providências correlatas. Disponível em: <http://www.camara.gov.br/proposicoesWeb/prop_mostrarintegra;jsessionid=F4A2F153607ABBC475B0B530CE4034F8. proposicoesWebExterno1?codteor=865340&filename=PL+1211/201>. Acesso em: 9 jul. 2018.

BRASIL. Constituição (1988). **Diário Oficial da União**, Brasília, DF, 5 out. 1988. Disponível em: <http://www2.camara.leg.br/atividade-legislativa/legislacao/Constituicoes_Brasileiras/constituicao1988.html/Constituiode1988.pdf>. Acesso em: 10 jul. 2018.

BRASIL. Decreto n. 50.532, de 3 de maio de 1961. **Diário Oficial da União**, Poder Executivo, Brasília, DF, 4 maio 1961. Disponível em: <http://www2.camara.leg.br/legin/fed/decret/1960-1969/decreto-50532-3-maio-1961-382630-publicacaooriginal-1-pe.html>. Acesso em: 28 jun. 2018.

______. Decreto n. 76.900, de 23 de dezembro de 1975. **Diário Oficial da União**, Poder Executivo, Brasília, DF, 24 dez. 1975. Disponível em: <http://www.planalto.gov.br/ccivil_03/decreto/antigos/d76900.htm>. Acesso em: 28 jun. 2018.

BRASIL. Decreto-Lei n. 2.848, de 7 de dezembro de 1940. **Diário Oficial da União**, Poder Legislativo, Brasília, DF, 31 dez. 1940. Disponível em: <http://www.planalto.gov.br/ccivil_03/decreto-lei/Del2848compilado.htm>. Acesso em: 15 ago. 2018.

BRASIL. Decreto-Lei n. 3.688, de 3 de outubro de 1941. **Diário Oficial da União**, Poder Executivo, Brasília, DF, 13 out. 1941. Disponível em: <http://www2.camara.leg.br/legin/fed/declei/1940-1949/decreto-lei-3688-3-outubro-1941-413573-publicacaooriginal-1-pe.html>. Acesso em: 10 jul. 2018.

BRASIL. Lei n. 3.099, de 24 de fevereiro de 1957. **Diário Oficial da União**, Poder Legislativo, Rio de Janeiro, 27 fev. 1957. Disponível em: <http://www.planalto.gov.br/ccivil_03/Leis/1950-1969/L3099.htm>. Acesso em: 28 jun. 2018.

BRASIL. Lei n. 13.432, de 11 de abril de 2017. **Diário Oficial da União**, Poder Legislativo, Brasília, DF, 12 abr. 2017a. Disponível em: <http://legislacao.planalto.gov.br/legisla/legislacao.nsf/Viw_Identificacao/lei%2013.432-2017?OpenDocument>. Acesso em: 29 jun. 2018.

BRASIL. Mensagem n. 109, de 11 de abril de 2017. **Diário Oficial da União**, Poder Legislativo, Brasília, DF, 12 mar. 2017b. Disponível em: <http://www.planalto.gov.br/ccivil_03/_ato2015-2018/2017/Msg/VEP-109.htm>. Acesso em: 9 jul. 2018.

BRASIL. Ministério do Trabalho e Emprego. **CBO 3518-05**. Disponível em: <http://www.ocupacoes.com.br/cbo-mte/351805-detetive-profissional>. Acesso em: 21 jun. 2018.

______. **Ministro destaca importância da regulamentação da profissão de detetive**. 22 mar. 2017c. Disponível em: <http://trabalho.gov.br/noticias/4424-ministro-destaca-importancia-da-regulamentacao-da-profissao-de-detetive>. Acesso em: 21 jun. 2018.

BRASÍLIA: Deputado Ronaldo Nogueira, preside audiência pública sobre regulamentação da profissão de detetives do Brasil. **Detective News**, São Paulo, ano 3, n. 33, p. 14, 1º out. 2013. Disponível em: <http://www.detectivenews.org/pdf/News-Detective-33.pdf>. Acesso em: 17 jul. 2018.

BUREAU INVESTIGAÇÕES. **O detetive particular – um pouco da história**. 26 set. 2016. Disponível em: <https://www.bureauinvestigacoes.com.br/detetive-particular-um-pouco-de-historia.html>. Acesso em: 11 jul. 2018.

CABETTE, E. L. S. **O detetive particular na investigação criminal**. CRDEMG – Conselho Regional dos Detetives do Estado de Minas Gerais, 17 out. 2017. Disponível em: <http://crdemg.com.br/2017/10/17/o-detetive-particular-na-investigacao-criminal/>. Acesso em: 21 jun. 2018.

CENTRAL ÚNICA FEDERAL DOS DETETIVES. **Histórico**. Disponível em: <http://www.centralunicadosdetetives.com.br/historico.htm>. Acesso em: 21 jun. 2018.

CNPRD – Comissão Nacional Pró Regulamentação da Profissão de Detetives no Brasil. Disponível em: <https://cfdetetivesdobrasil.blogspot.com.br/2017_03_06_archive.html>. Acesso em: 21 jun. 2018.

CNPRD – Comissão Nacional Pró Regulamentação da Profissão de Detetives no Brasil. **Itacir Flores – Presidente da Comissão Nacional Pró Regulamentação da Profissão de Detetive Privado no Brasil será homenageado pelo Conselho dos Detetives Particulares do Estado de São Paulo**. 17 out. 2015. Disponível em: <https://cfdetetivesdobrasil.blogspot.com/2015/10/itacir-flores-presidente-da-comissao.html>. Acesso em: 17 jul. 2018.

COLAÇO, M. R. **Lei do Detetive Particular**: comentários à Lei n. 13.432/2017. 15 maio 2017. Disponível em: <https://jus.com.br/artigos/57769/lei-do-detetive-particular>. Acesso em: 21 jun. 2018.

DANTAS, D. Detetive profissional. **Jornalistafreela**, 11 jan. 2012. Disponível em: <https://jornalistafreela.wordpress.com/2012/01/11/detetive-profissional/>. Acesso em: 21 jun. 2018.

DETETIVE AGUIAR. **Prefácio do detetive**. 11 dez. 2015. Disponível em: <http://memoriasdeumdetetive.blogspot.com.br/2015/12/prefacio-do-detetive.html>. Acesso em: 21 jun. 2018.

DETETIVES MULHERES DO BRASIL. **Quem somos**. Disponível em: <http://detetivesmulheresdobrasil.com.br/quem-somos>. Acesso em: 21 jun. 2018.

ELEMENTAR DETETIVES. **Muitas pessoas que decidem se tornar detetives particulares já têm experiência em algum ramo relacionado – Treinamento e licenciamento**. 29 jan. 2017. Disponível em: <http://www.elementardetetives.blogspot.com.br/2017/01/muitas-pessoas-que-decidem-se-tornar.html>. Acesso em: 21 jun. 2018.

FBI – Federação Brasileira de Investigações. **Empresa**. Disponível em: <http://fbi-federacao.com.br/empresa/>. Acesso em: 21 jun. 2018.

FENAJU – Federação Nacional de Juntas Comerciais. **Dados de registros**. Brasília: Fenaju, 2017.

FERNANDEZ, A. A. O mestre dos disfarces. **Superinteressante**, História, Rio de Janeiro, 31 jan. 2004. Disponível em: <https://super.abril.com.br/historia/o-mestre-dos-disfarces/>. Acesso em: 21 jun. 2018.

GERHARDT, T. E.; SILVEIRA, D. T. (Org.). **Métodos de pesquisa**. Porto Alegre: Ed. da UFRGS, 2009.

GIESELER, M. **Faculdade lança inédito curso superior de Investigação Profissional (Detetive Particular).** 8 fev. 2018. Disponível em: <https://blogexamedeordem.com.br/faculdade-lanca-inedito-curso-superior-de-investigacao-profissional-detetive-particular>. Acesso em: 15 ago. 2018.

HAZIZ, M. **A história da profissão dos detetives particulares no Brasil.** 24 abr. 2017. Disponível em: <http://irmandadedetetivesca.blogspot.com.br/2017/04/ci-historia-da-profissao-dos-detetives.html>. Acesso em: 21 jun. 2018.

L&PM EDITORES. **Conheça a história de Hercule Poirot**: o famoso detetive belga criado por Agatha Christie. 21 jan. 2009. Disponível em: <http://www.lpm.com.br/site/default.asp?TroncoID=805133&SecaoID=816261&SubsecaoID=935305&Template=../artigosnoticias/user_exibir.asp&ID=515360>. Acesso em: 21 jun. 2018.

MAIKELL-THOMAS, B. **Kate Warne**: First Female Private-eye. Disponível em: <http://www.pimall.com/nais/pivintage/katewarne.html>. Acesso em: 21 jun. 2018.

MASI, C. V. A lei do detetive particular e a necessidade de investigação privada no Brasil. **Canal Ciências Criminais**, 31 ago. 2017. Disponível em: <https://canalcienciascriminais.com.br/detetive-particular-investigacao/>. Acesso em: 21 jun. 2018.

MCLACHLAN, S. **The Last Ride of the James-Younger Gang**: Jesse James and the Northfield Raid 1876. London: Blomsbury Publishing, 2012.

MEDEIROS, R. **Jesse James**: o grande bandoleiro americano. 21 set. 2013. Disponível em: <https://tokdehistoria.com.br/2013/09/21/jesse-james-o-grande-bandoleiro-americano/>. Acesso em: 21 jun. 2018.

MONTEIRO, C. **Porto Alegre e suas escritas**: história e memórias da cidade. Porto Alegre: EDIPUCRS, 2006. (Coleção Nova et Vetera; 10).

MURDER she said. Direção: George Pollock. Reino Unido: Warner Home Video, 1961. 87 min.

MUSEU DO DETETIVE. **Home**. 18 jan. 2016. Disponível em: <http://museudodetetive.blogspot.com.br/>. Acesso em: 21 jun. 2018.

NGUYEN, C. **Agora existe um aplicativo para contratar detetives**. 10 jun. 2015. Disponível em: <https://motherboard.vice.com/pt_br/article/pg37bz/agora-existe-um-aplicativo-para-contratar-detetives>. Acesso em: 21 jun. 2018.

NOGUEIRA, R. Câmara dos Deputados. **Pronunciamento sobre a necessidade de imediata inclusão na pauta do Projeto de Lei n. 1.211, de 2011, referente à regulamentação da atividade de detetive particular**. Brasília, DF, 19 mar. 2014. Disponível em: <http://www.camara.leg.br/internet/sitaqweb/TextoHTML.asp?etapa=3&nuSessao=052.4.54.O&nuQuarto=15&nuOrador=2&nuInsercao=0&dtHorarioQuarto=14:28&sgFaseSessao=PE%20%20%20%20%20%20%20&Data=19/03/2014&txApelido=RONALDO%20NOGUEIRA&txFaseSessao=Pequeno%20Expediente%20%20%20%20%20%20%20%20%20%20%20&dtHoraQuarto=14:28&txEtapa=Com%20reda%C3%A7%C3%A3o%20final>. Acesso em: 13 jul 2018.

NORONHA, H. Detetive cita sete pistas para identificar homens e mulheres que traem. **BOL Notícias**, 10 maio 2011. Disponível em: <https://noticias.bol.uol.com.br/entretenimento/2011/05/10/detetive-da-sete-pistas-para-identificar-homens-e-mulheres-que-traem.jhtm>. Acesso em: 21 jun. 2018.

OBVIOUS. **Breve história sobre Sherlock Holmes**. Disponível em: <http://obviousmag.org/archives/2010/04/breve_historia_sobre_sherlock_holmes.html>. Acesso em: 21 jun. 2018.

ODB – Ordem dos Detetives do Brasil. **Estatuto da Ordem dos Detetives do Brasil**. 20 mar. 2018a. Disponível em: <https://www.odb.org.br/documentos-legais>. Acesso em: 3 jul. 2018.

______. **Quem somos**. Disponível em: <https://www.odb.org.br/sobre>. Acesso em: 21 jun. 2018b.

OLIVEIRA, R. de. **A profissão de detetive no Brasil e no exterior**. 27 abr. 2013a. Disponível em: <http://bureaudeinformacao.blogspot.com.br/2013/04/a-profissao-de-detetve-no-brasil-e-no.html>. Acesso em: 21 jun. 2018.

OLIVEIRA, R. de. **Detetives particulares, um breve histórico**. 26 abr. 2013b. Disponível em: <http://bureaudeinformacao.blogspot.com.br/2013/04/detetives-particulares-um-breve.html>. Acesso em: 21 jun. 2018.

OLIVEN, R. G. **A parte e o todo**: a diversidade cultural no Brasil-nação. 2. ed. Petrópolis: Vozes, 2006.

PEREIRA, J. B. **A novíssima Lei n. 13.432/2017 e os limites de atuação do detetive particular**. abr. 2017. Disponível em: <https://jus.com.br/artigos/57069/a-novissima-lei-n-13-432-2017-e-os-limites-de-atuacao-do-detetive-particular>. Acesso em: 21 jun. 2018.

PINKERTON. **Our History**. Disponível em: <https://www.pinkerton.com/about-us/history/>. Acesso em: 21 jun. 2018.

PORTAL DAS MISSÕES. **11 de setembro de 1836 – Proclamação da República rio-grandense**. Disponível em: <http://portaldasmissoes.com.br/site/view/id/1409/11-de-setembro-de-1836 -proclamacao-da-republica-.html>. Acesso em: 29 jun. 2018.

QUEIROZ, P. P. Comissão de Constituição e Justiça e de Cidadania. Projeto de Lei n. 1.211, de 2011. **Voto em separado do Deputado Delegado Protógenes**. Brasília, DF, Câmara dos Deputados, 2014. Disponível em: <http:///www.camara.gov.br/proposicoesWeb/prop_mostrarintegra;jsessionid=05E91E6BB4C17501720E9A25CBF8932A.proposicoesWebExterno2?codteor=121247793&filename=Tramitacao-PL+1211/2011>. Acesso em: 15 aog. 2018

ROCHA, J. M. **Uma lenda da América**. 27 dez. 1998. Disponível em: <https://www.publico.pt/sociedade/jornal/uma-lenda-da-america-121229>. Acesso em: 21 jun. 2018.

SAFARA, J. **Agatha Christie**: Hercule Poirot vs. Miss Marple. 20 jun. 2014. Disponível em: <https://espalhafactos.com/2014/06/20/agatha-christie-hercule-poirot-vs-miss-marple/>. Acesso em: 21 jun. 2018.

SENADO FEDERAL. Regulamentação de profissões deve ser discutida com ministros do Trabalho e da Fazenda. **Senado Notícias**, 27 jul. 2016. Disponível em: <https://www12.senado.leg.br/noticias/materias/2016/07/27/regulamentacao-de-profissoes-deve-ser-discutida-com-ministros-do-trabalho-e-da-fazenda>. Acesso em: 18 jul. 2018.

SHERLOCK HOLMES. Disponível em: <http://sherlockholmes.com/>. Acesso em: 21 jun. 2018.

SILVA, A. **Turno da noite**: memórias de um ex-repórter de polícia. Rio de Janeiro: Objetiva, 2016.

SODRÉ, R.; COHEN, O. 16 detetives da vida real que poderiam estar nos cinemas. **Superinteressante**, 26 maio 2015. Disponível em: <https://super.abril.com.br/blog/superlistas/16-detetives-da-vida-real-que-poderiam-estar-nos-cinemas/>. Acesso em: 21 jun. 2018.

SOUZA, M. C. de. A atuação do detetive particular na investigação criminal, à luz da Lei Federal 13.432/2017. **Meu caro Watson**, 15 abr. 2017. Disponível em: <http://meucarowatson.com/a-atuacao-do-detetive-particular-na-investigacao-criminal-a-luz-da-lei-federal-13-43217/>. Acesso em: 21 jun. 2018.

TEIXEIRA, R. Ângela Detetive, a mulher que trabalhou em 7.000 mil casos em 50 anos de investigação. **Folha de São Paulo**, São Paulo, 24 nov. 2013. Disponível em: <http://www1.folha.uol.com.br/saopaulo/2013/11/1375117-angela-detetive-a-mulher-que-trabalhou-em-7000-casos-em-50-anos-de-investigacao.shtml>. Acesso em: 21 jun. 2018.

THE ADVENTURES of Sherlock Holmes. Direção: Alfred L. Werker. Estados Unidos: MPI Home Video, 1939. 85 min.

THE ARTHUR CONAN DOYLE ENCYCLOPEDIA. **William Gillette**. Disponível em: <https://www.arthur-conan-doyle.com/index.php?title=William_Gillette>. Acesso em: 21 jun. 2018.

THE RETURN of Sherlock Holmes. Direção: Kevin Connor. Estados Unidos: CBS, 1987. 100 min. TV movie.

TITO, V. **Quando começou a profissão de detetive?** 29 maio 2013. Disponível em: <http://especialistadetetives.blogspot.com.br/2013/05/quando-comecou-profissao-de-detetive.html>. Acesso em: 21 jun. 2018.

UOL. **Agatha Christie**. Biografias. Disponível em: <https://educacao.uol.com.br/biografias/agatha-christie.htm>. Acesso em: 21 jun. 2018.

VIDOCQ GROUP. **Eugène-François Vidocq**. Disponível em: <http://www.vidocqgroup.com/eugene-francois-vidocq/>. Acesso em: 24 jul. 2018.

VIEIRA, M. C. **A fascinante profissão de detetive**: a origem, os direitos, campana, vida pregressa, tipos de armas, drogas e muito mais. Joinville: Clube de Autores, 2012.

WALKER, J. P. W. **The American Old West**: Gangs, Outlaws & Gunfights. Morrisville: Lulu.com, 2015.

WAPI – World Association of Professional Investigators. **About WAPI**. Disponível em: <https://wapi.com/about-us/>. Acesso em: 21 jun. 2018.

WILLIAM Gillette: 5 aspectos que transformaram o modo como Sherlock Holmes vê e fala. **Literatura Policial**, 24 jul. 2017. Disponível em: <https://literaturapolicial.com/2017/07/24/william-gillette-5-aspectos-que-transformaram-o-modo-como-sherlock-holmes-ve-e-fala/>. Acesso em: 21 jun. 2018.

Anexo

CNPJ da Ordem dos Detetives do Brasil (ODB)

26/09/2018 Comprovante de Inscrição e de Situação Cadastral

REPÚBLICA FEDERATIVA DO BRASIL

CADASTRO NACIONAL DA PESSOA JURÍDICA

NÚMERO DE INSCRIÇÃO		DATA DE ABERTURA
31.606.982/0001-93 **MATRIZ**	**COMPROVANTE DE INSCRIÇÃO E DE SITUAÇÃO CADASTRAL**	**23/08/2018**

NOME EMPRESARIAL
ORDEM DOS DETETIVES DO BRASIL

TÍTULO DO ESTABELECIMENTO (NOME DE FANTASIA)	PORTE
ODB - ORDEM DOS DETETIVES DO BRASIL	**DEMAIS**

CÓDIGO E DESCRIÇÃO DA ATIVIDADE ECONÔMICA PRINCIPAL
94.99-5-00 - Atividades associativas não especificadas anteriormente

CÓDIGO E DESCRIÇÃO DAS ATIVIDADES ECONÔMICAS SECUNDÁRIAS
Não informada

CÓDIGO E DESCRIÇÃO DA NATUREZA JURÍDICA
399-9 - Associação Privada

LOGRADOURO	NÚMERO	COMPLEMENTO
ST AUTARQUIAS SUL QUADRA 4	**30**	**BLOCO A SALA 314**

CEP	BAIRRO/DISTRITO	MUNICÍPIO	UF
70.070-938	**ASA SUL**	**BRASILIA**	**DF**

ENDEREÇO ELETRÔNICO	TELEFONE
DIP@DIPINVESTIGACOES.COM.BR	**(61) 8221-1000**

ENTE FEDERATIVO RESPONSÁVEL (EFR)
*****

SITUAÇÃO CADASTRAL	DATA DA SITUAÇÃO CADASTRAL
ATIVA	**23/08/2018**

MOTIVO DE SITUAÇÃO CADASTRAL

SITUAÇÃO ESPECIAL	DATA DA SITUAÇÃO ESPECIAL
********	********

Aprovado pela Instrução Normativa RFB nº 1.634, de 06 de maio de 2016.

Emitido no dia **26/09/2018** às **09:49:30** (data e hora de Brasília). Página: **1/1**

Os papéis utilizados neste livro, certificados por instituições ambientais competentes, são recicláveis, provenientes de fontes renováveis e, portanto, um meio responsável e natural de informação e conhecimento.

FSC
www.fsc.org
MISTO
Papel produzido a partir de fontes responsáveis
FSC® C103535

Impressão: Reproset
Novembro/2018